# 融媒体时代
# 新闻传播理论与实践研究

范进超　陈 静◎著

辽宁人民出版社

**图书在版编目（CIP）数据**

融媒体时代新闻传播理论与实践研究 / 范进超，陈静著 . — 沈阳：辽宁人民出版社，2024.9
ISBN 978-7-205-10868-7

Ⅰ . ①融… Ⅱ . ①范… ②陈… Ⅲ . ①新闻学—传播学—研究 Ⅳ . ① G210

中国国家版本馆 CIP 数据核字（2023）第 182901 号

出版发行：辽宁人民出版社
　　　　　地址：沈阳市和平区十一纬路 25 号　邮编：110003
　　　　　电话：024-23284321（邮　购）　024-23284324（发行部）
　　　　　传真：024-23284191（发行部）　024-23284304（办公室）
　　　　　http://www.lnpph.com.cn
印　　刷：沈阳海世达印务有限公司
幅面尺寸：170mm × 240mm
印　　张：10.5
字　　数：150 千字
出版时间：2024 年 9 月第 1 版
印刷时间：2024 年 9 月第 1 次印刷
责任编辑：张天恒　王晓筱
装帧设计：识途文化
责任校对：吴艳杰
书　　号：ISBN 978-7-205-10868-7
定　　价：68.00 元

# 前言 PREFACE

　　随着信息技术的飞跃式发展，信息传播方式不断在创新。以互联网为基础的新兴媒体如网络媒体、手机媒体，以其互动性、即时性、开放性等特点向各个领域进行渗透，并在移动化进程中加速与社会的融合。一方面，互联网发展深刻影响到传统媒体行业的环境和格局，而媒体融合趋势的进一步深化，使各广播电台、电视台运用互联网思维整合资源、拓宽渠道、创新技术，凭借内容优势和媒介影响力实现融合突围，构建新型媒体平台；另一方面，新闻传播被重新定义，以荔枝FM、喜马拉雅FM等为代表的电台App，促使广播音频节目向个人化、移动化、云端化、社交化发展。而以爱奇艺、优酷土豆为代表的视频网站，在自制节目上也开始集体发力，加大投入力度，寻求差异化竞争。鉴于此，作者特策划撰写了《融媒体时代新闻传播理论与实践研究》一书，以期能够使更多的人对融媒体时代新闻传播及其变革的相关知识有所了解。

　　本书共包括八章内容：第一章对新闻传播的相关知识进行了研究；第二章至第六章分别对融媒体时代媒介文化的嬗变、新闻生产方式的转型、新闻传播策划、传媒规制的创新、数据新闻实践与创新等进行了研究；第七、第八章则对融媒体时代新闻记者核心素养和项目团队的组建进行了详细的阐述。总体来说，本书结构清晰明了，理论明确系统，语言准确通俗，具有全面性、实用性等特点。

本书在撰写的过程中参阅了许多有关新闻传播方面的著作，同时也引用了许多专家和学者的研究成果，在此表示最诚挚的谢意！由于时间仓促，作者水平有限，本书的错误和不当之处在所难免，恳请广大读者在使用中多提宝贵意见，以便本书的修改与完善。

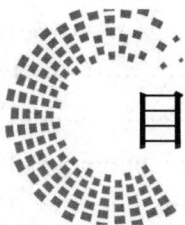

# 目 录 CONTENTS

前言 ································································ 001

第一章　新闻传播概述 ········································· 001

　　第一节　新闻的定义和分类 ····························· 001

　　第二节　新闻传媒系统 ·································· 007

　　第三节　新闻传媒的进化 ······························ 028

第二章　融媒体时代媒介文化的嬗变 ······················ 051

　　第一节　媒介文化概述 ·································· 051

　　第二节　媒介文化的功能及形成机制 ··················· 057

　　第三节　新时代媒介文化的创新之路 ··················· 061

第三章　融媒体时代传媒新闻生产方式的转型 ·············· 066

　　第一节　融合新闻的理念与实践 ························ 066

　　第二节　传媒新闻生产方式转型的主要特征 ············· 070

　　第三节　传媒融合新闻生产的创新路径 ················· 074

第四章　融媒体时代下的新闻传播策划 ···················· 080

　　第一节　融媒体时代下的新闻传播发展 ················· 080

　　第二节　融媒体时代对新闻传播策划的思考 ············· 085

第五章　融媒体时代传媒规制的创新 ······················ 091

　　第一节　传媒规制及其特征 ···························· 091

　　第二节　新时代传媒规制的创新 ························ 095

**第六章　融媒体时代数据新闻实践与创新发展** ……………………100

第一节　数据新闻概述 ………………………………………100

第二节　数据新闻的操作流程 ………………………………105

第三节　数据新闻的理论研究与实践探索 …………………112

第四节　数据新闻的创新发展 ………………………………116

**第七章　全媒体记者的核心素养** ………………………………125

第一节　全媒体记者概述 ……………………………………125

第二节　传统记者全媒体转型的背景与现实挑战 …………136

第三节　全媒体记者核心素养的培育 ………………………141

**第八章　融合报道团队的组建与运作** …………………………147

第一节　项目责任制主导模式 ………………………………147

第二节　产品经理人制主导模式 ……………………………150

第三节　融合新闻报道团队发展的未来展望 ………………154

**参考文献** ……………………………………………………………161

# 第一章　新闻传播概述

## 第一节　新闻的定义和分类

### 一、"新闻"名词的由来

"新闻"名词产生于人类信息传播活动中，经常与"消息"混用，都表示一种新的真实的情况。

在英语中，"新闻"叫"News"，有人认为，这个词是由英语 North（北）East（东）West（西）和 South（南）4 个词各取第一个字母组成的，意思是指来自四面八方的情况。英国《牛津词典》解释，"News"最早见于苏格兰詹姆斯一世（1423 年），意思为"新鲜报道"。德语中的"新闻"写成"Zeitung"，是从德国北部的俗语"Tidender"（报道）演变来的，而"Tidender"又来源于"Tiden"（旅行）。当时所谓新闻，是指商人或旅行者传播的趣闻逸事。1321 年，下莱茵省一带流行"Zitung"这个词，15 世纪后逐渐演变成"Zeitung"意思是"在时间上绝对新颖的事物"。

在我国，"新闻"最早见于唐末，有个叫尉迟枢的人写过一本《南楚新闻》，即出现"新闻"一词。虽然这本书已经失传，但从其他典籍记载可以考证。《南楚新闻》的内容是尉迟枢所收集的传说和故事，并以志怪形式出现，因此，此处所谓"新闻"，与今天我们所说的"新闻"本质上完全不同。《新唐书·隐逸传》记载，唐初官僚文人孙处玄说过："尝恨天下无书以广新闻。"这是现存典籍中最早出现"新闻"一词。孙处玄生活的年代，李唐与武周争权夺利，天下动荡不安，各种社会传闻弥漫天下，而这些传闻往往直接或间接影响百姓生活，于是激起了广大百姓的极大兴趣，引发了他们的高度关注。孙处玄抱怨没有专门的书籍把这些社会传闻记录下来，以广天下人的视听。这里所谓的"新闻"，大致相当于今天的社会新闻、社会传闻。唐代的"新闻"还指口头传播的消息。李咸用《春日喜逢乡人刘松》："旧业久抛耕钓侣，新闻多说战争功。"前句说，频繁的战争致使土地荒芜，亲友离散，打破了田园诗般的耕种、垂钓生活；后句说，街谈巷议的多半是战争的传闻。明清以后，"新闻"一词广泛流行，如孔尚任《桃花扇》："晚生在朝房里藏着，打听新闻来。"《红楼梦》第一回，贾雨村对甄士隐说："老先生倚门伫望，敢是街市上有甚新闻么?"第二回，贾雨村又问："近日都中可有新闻没有?"冷子兴道："倒没有什么新闻，倒是老先生你贵宗家出了一件小小的异事。"可见，当时，"新闻"已经成为人们的口语。

古代"消息"一词，本义更接近今天的"新闻"。西周《易·丰》："日中则昃，月盈则食，天地盈虚，与时消息。"这里的"消息"是指事物的变动。后来，人们扩大消息的含义，指变动的情况。唐代诗人杜甫《对雪》："数州消息断，愁坐正书空。"表明诗人为得不到变动的情况而发愁。杜甫《梦李白》："江南瘴疠地，逐客无消息。"好朋友李白被放逐偏远的夜郎后，很久没有得到他最近的情况了。这里的"消息"，是指具体的、真实的情况或事态变动，含义比较接近今天的"新闻"。到了宋代，封疆大臣向朝廷奏报边塞要情时，为了说明情况重要，经常在文的封皮上写上"新闻"。这里的"新闻"有"情报"的含义，讲究真实，反映客观情况的变动。南宋人赵升编篡的《朝野类要》中称："其有所谓内探、省探、衙探之类，皆衷私小报，率有漏泄之禁，故隐而号之曰新闻。"这里所谓小报，是一种区别于邸报的民间信息传播工具，"新闻"即小报上所登载的文字。

至此，可以推断，唐宋时期，"新闻"就已经发展到相当于今天的"新闻"的含义，而"新闻"和"消息"含义接近，都表示一种新的真实情况或情况变动。到近代，随着新闻事业的发展，人们才逐渐区别使用"新闻"与"消息"，把关于新的情况变动和报道表述为"新闻"。

**二、新闻定义**

目前，人们对新闻的定义有如下两种。

从广义上讲，新闻是一种信息，涵盖了一系列与公众生活密切相关的事件和现象的报道。它不仅仅是简单的信息传递，而是一种将复杂的社会现实以简洁明了的方式呈现给公众的手段。在这个信息高度发达的时代，新闻扮演了一个连接个人与社会、事件与公众的重要角色，使人们能够迅速获取与自己生活、工作和社会环境息息相关的信息。

狭义上，新闻则特指通过各种媒体（如报纸、杂志、广播、电视及网络等）进行传播的信息内容。这些信息不仅包括突发事件的报道，如自然灾害、政治动荡、经济危机等，还涵盖了日常生活中的重要新闻，如健康、教育、科技进步等各个领域的动态。新闻报道的内容可以是实时发生的事件，及时向公众传递最新的消息，也可以是对过去事件的详细回顾和分析，帮助公众理解事件的背景和影响。

此外，新闻的形式多种多样，传统的纸媒、广播和电视仍然在信息传播中占据重要地位，而数字媒体的崛起则使得新闻传播更加迅速便捷。通过社交媒体平台，新闻可以实现即时更新，用户不仅是信息的接收者，也可以参与信息的传播与讨论。这种互动性使得新闻不再是单向传播，而是一个多向交流的过程，公众的声音和意见也在新闻传播中得到了更大的重视。

新闻还包含对事件的深入分析和评论，借助专业记者和评论员的视角，新闻不仅仅停留在表面事实的陈述，更深入探讨事件的原因、背景及其可能产生的后果。这种分析和评论有助于公众形成更为全面和深刻的理解，激发他们对社会问题的思考和讨论，从而推动公众参与社会事务的积极性。

总之，新闻作为一种信息传播的方式，涵盖了丰富的内容和多样的表现形式，既是社会现实的镜子，也是公众认知世界的重要窗口。通过新闻，公众能够了解世界各地的变化与动态，形成对社会、经济、政治等各领域的认识，进而参与到社会生活中去。

### 三、新闻的分类

"新闻是异常活动的信息"这一定义，不仅明确了新闻的内涵，同时也确定了它的外延（范围）。对新闻进行分类就是进一步把握新闻的外延，新闻都有哪些种类呢？

#### （一）自然新闻：自然物质异常活动的信息

根据对自然界的划分，我们可以把自然新闻分为人化自然新闻和人工自然新闻。

1.人化自然新闻：人化自然物质异常活动信息

广义理解的自然界是具有无限多样性的整个客观世界。它包括宇宙中一切事物、现象和过程，不管这个世界是人的认识尚未达到的那部分自然界（自在自然）还是已经被认识了的那部分自然界（人化自然），或是由人改造过的那部分自然界（人工自然）。自在自然是人类的认识和作用手段尚未触及的那部分自然界。它包括：①空间中人类目前尚未观测到的总星系之外无限广阔的宏观世界和基本粒子以下人们尚无知晓的微观领域；②构成人类生存环境的宏观世界中尚未被人们了解的自然事物和自然过程，以及各种自然物中尚未探明的规律和特性。正因为自在自然是人类还没有认识到或没有作用过（至少是未有意识地作用过）的那部分自然，也就是没有任何信息进入人类视野的那部分自然界，所以它目前还未成为人的活动对象，即不与人构成对象性关系①。相对于人而言，它只具有纯粹的外在性，没有任何意义，至多具有哲学上的意义。自在自然是进一步拓展人化自然的潜在基础。人化自然是人类观测所及从而能感知其信息的那部分自然界，包括从总星系到基本粒子范围内所有人类已经认识或者开始认识到的自然物、自然现象和自然过程。因此，人化自然可以看成是人类和自然界构成的一个通信系统。人化自然以自在自然为基础，它随着人类信息手段逐步发达和完善而逐步拓展，其拓展的过程由自然科学史来表征。人化自然是有限的，任何时代人们观测所及的自然范围总是部分和有限的，始终是自然科学的极限。自在自然是无限的，正因为它的无限性，才能为人化自然的拓展提供无限的可能性。人化自然包括微观、宏观和宇观三个结构层次。微观层次包括分子、原子、原子核、基本粒子及相应的场。宏观层次是指地球上所有物体系统，包括晶体、矿物、地质体地圈（岩石圈、水圈、大气圈）等。行星和太阳也可以包括在宏观层次当中；生命世界属于宏观层次中非常复杂和特殊的子层次。宇观层次是指恒星和星系等物质系统，约有半数以上星系结成星系团，星系团又结成超星系团，这些就构成了人们观察所及的宇宙，即总星系。

2.人工自然新闻：人工自然质异常活动的信息

人工自然是人类实践手段所及从而被变革了的那部分自然界。主要包括：①受到人类实践活动直接影响的那部分自然界，从目前来看主要是指地球范围内的生态系统；②人类利用自然界的材料造的所有人工自然物，如各种各样的新材料、新工具、人工建筑物、农田及水利设施，以至于可以模拟思维功能的人工智能机，等等。人工自然可以看成是人与自然构成的一个调控系统，它随着人类实践和控制手段的逐步强化而拓展，其拓展过程由技术史表征。人工自然更是有限的，因为任何人工自然都是不可能超越人对自然界的认识范围，它只是人化自然的组成部分，是人类从人化自然中获得的信息加以物化而成的。人化自然是人工自然拓展的前提，从人化自然中获得信息是人类变革自然的主要依据。

---

①刘凌.论对外英语新闻的分类[J].西部皮革,2016(2):151-152.

**（二）社会新闻：人类异常活动的信息**

按照人类社会生活领域，可以把社会新闻分为政治新闻、经济新闻、文化新闻、军事新闻和日常新闻。

1.政治新闻：政治生活中异常活动的信息

政治新闻包括内政新闻和外交新闻。

2.经济新闻：经济生活中异常活动的信息

经济新闻包括生产领域新闻、分配领域新闻、交换领域新闻；第一产业（广义的农业）新闻、第二产业（广义的工业）新闻、第三产业（广义的服务业）新闻。

3.文化新闻：文化生活中异常活动的信息

文化包括的范围很广，既有物质文化又有精神文化。文艺、科技、教育、医疗卫生、体育、政法、伦理道德、宗教、考古等等，这些文化生活领域中异常活动的信息，都属于文化新闻。

4.军事新闻：军事生活中异常活动的信息

军事生活包括军备和战争。

5.日常新闻：人类日常生活中异常活动的信息

人类的日常生活包括衣、食、住、行、人口生产等各方面。

**（三）灾祸新闻：有害活动的信息**

灾祸新闻包括自然灾祸新闻和社会灾祸新闻。洪灾、地震灾害等属于自然灾祸新闻；交通事故和生产事故等属于社会灾祸新闻。

**（四）国内新闻：一国之内发生的自然新闻、社会新闻和灾祸新闻。**

**（五）国际新闻：本国之外，其他国家发生的自然新闻、社会新闻和灾祸新闻。**

# 第二节  新闻传媒系统

### 一、新闻传媒：新闻媒介和新闻媒体的合称

#### （一）社会传播：人类间接交往的方式

为了说清楚新闻传媒，我们必须先从传播谈起，因为新闻传媒是新闻传播的构成要素。

尽管传播现象在自然界、工程技术领域和社会中都是普遍存在的现象，但是，要回答"什么是传播"的问题，也就是给传播概念下一个定义，却是很难的；所以，目前还没有一个普遍适用的公认的科学的传播定义。然而，特定领域的传播，其含义和内容是具体的、确定的，因此，我们可以针对不同领域的传播现象分门别类地进行研究，以期对不同领域的传播定义和现象作出事实描述和理论阐释。本书的研究领域是新闻传播，而新闻传媒是构成新闻传播的重要因素；我们研究的基本问题是新闻传媒的组成、社会功能、基本性质和社会定位。虽然还没有一个确定的传播定义，但并不影响我们对问题的研究。

根据传播现象发生的领域，可以把传播划分为：自然界的传播即自然传播，如花粉、植物种子、细菌、雷鸣闪电的传播；工程技术传播，如热能、电能、电磁波沿着导体的传播；社会传播，如新闻传播。

1.社会传播的含义

所谓社会传播是指人类之间的传播，也就是个人之间的传播、群体与群体之间的传播以及群体与个人之间的传播。人与人之间的传播关系，其实就是通过传播建立起来的交往关系，即通过传播这种方式进行的交往活动。当人们不是处在面对面的同一时空时，也就是处在相互隔离的不同时空时，这时要进行交往活动就必须借助传播这种手段才能实现。人们交往的内容可以是物质的，也可以是精神的，所以，马克思把社会交往分为物质交往和精神交往两大类。人类的交往活动还可以分为

直接交往和间接交往。所谓直接交往是指运用人类自身固有的手段而进行的面对面的交往；所谓间接交往是指借助中介手段进行的非面对面的交往。于是便有了直接物质交往、直接精神交往；间接物质交往、间接精神交往。把礼物当面送给朋友，商场一手钱一手货的商品交易，属于直接物质交往的例子；相互握手，当面交谈，属于直接精神交往的例子；通过邮局把礼物邮寄给远方的朋友，通过运输实现甲乙两地间的物品交流，属于间接物质交往的例子；给朋友寄信、打电话交谈，网上交流，阅读书籍、报刊，听广播看电视，属于间接精神交往的例子。由此可以看出，无论是间接物质交往还是间接精神交往，都需要借助某种中介手段才能实现。这种中介手段或者方式，正是我们所说的传播，或者说，这种中介手段可以用"传播"来概括它。这样说来，在人类的间接交往系统中，传播仅仅是达到交往目的的一种中介手段或方式，而不是交往的目的。根据以上分析，我们可以这样来界定社会传播的含义：社会传播是人类间接交往的方式。传播是人类处于不同时空的交往方式，凡是有传播的交往必然是在不同时空进行的，或者反过来说，人类在不同时空的交往必须借助传播这种方式才能实现。传播使人类克服了时空隔离的障碍。

2.社会精神传播的分类

社会传播按其传播的内容可以分为社会物质传播和社会精神传播。社会物质传播是人类间接物质交往的方式；社会精神传播是人类间接精神交往的方式。由于本书的研究范围是新闻传播领域，属于社会精神传播，所以，在这里我们着重讨论社会精神传播的分类。

按照社会精神传播的主客体关系可划分为私人传播和公共传播。私人传播，如利用手机电话、互联网络、信函等进行的个人之间的传播；公共传播，即在社会公共活动领域里面向公众进行的传播活动，如利用书报刊、广播、电视、电影、网络等进行的多人参与的公开的传播。公共传播包含了传播学中所讲的群体传播、组织传播和大众传播。

按照社会精神传播的不同时代可划分为历时传播和共时传播。历时传播是指古代、近代、现代、当代等不同时代之间的精神传播；共时传播是指同一时代（如当代）的精神传播。

按照社会精神传播发生的空间可划分为国内精神传播和国际精神传播。

按照社会精神传播的内容可划分为政治传播、文化传播、新闻传播、科学技术传播，等等。

3.社会精神传播的构成要素

一个完整的社会精神传播过程需要具备下列五个方面的要素：①传播者或传播主体，即精神传播的发出者或实施者；②传播内容，社会精神传播的内容很广泛，包括文化、艺术、自然和人文社会科学知识、新闻等精神信息；③传播媒介，凡是传播必借助相应的传播媒介，社会精神传播媒介主要有书、报、刊、广播、电视、电影、网络等；④受传者或传播客体，即接受传播内容的人（包括个体、群体、组织等），传播主体与传播客体之间通过传播发生了精神交往关系，也就是产生了相互影响相互作用的互动关系；⑤传播反馈，即受传者对接收到的传播内容作出的反应，也是受传者对传者的反作用，传播反馈体现出传播的双向互动性，也体现出传播的效果。

**（二）新闻传媒是新闻媒介和新闻媒体的合称**

新闻传播是指以新闻为内容的传播。因为新闻传播的新闻其实是新闻作品，只有把新闻（新闻事件）经过新闻报道转换成新闻作品之后，新闻（新闻事件）才能进入传播过程和进行传播。因为新闻作品的内容是经过记者思维加工处理过的新闻事件，是依据客观存在的新闻事件创作出来的精神劳动产品，是对客观新闻事实的主观反映（对新闻事实的描述和解释），因而具有主观意识属性，所以，新闻传播属于社会精神传播的范畴，是社会精神传播的组成部分。

按照前面我们界定的社会传播含义，即社会传播是人类间接交往的方式，那么，新闻传播就是人类间接新闻交往的方式。所谓新闻交往是指以新闻为内容的交往。新闻传播和其他社会公共传播一样，也是由五要素组成的：①传播者，是指实施新闻传播的社会组织，如报社、电台、电视台、通讯社等；②传播内容，就是各类新闻；③传播媒介，就是指实施新闻传播的技术手段，如报纸、广播、电视、网络等新闻传播媒介；④受传者，就是接受新闻传播的读者、听众、观众；⑤新闻传播反馈。

在这五要素中，实施新闻传播的社会组织，如报社、电视台等，我们可以称它们为新闻传播媒体，简称为新闻媒体；报纸、广播、电视、网络等，可称为新闻传播媒介，简称为新闻媒介。在本书中，笔者把新闻媒体和新闻媒介合起来称为新闻传媒。实际上，新闻媒体和新闻媒介在新闻传播活动过程中是密切联系在一起的，合为一体，不可分割，缺了哪一方都构不成实际的传播活动。我们之所以把它们分开来，完全是为了理论研究的需要，况且它们毕竟是有很大区别的两个东西。但是，当我们需要把它们合起来称谓，作为一个整体合起来研究，合起来进行理论阐述时，就使用新闻传媒这一称谓，会带来理论研究和术语实际使用方面的便利。新闻传媒是指新闻媒体和新闻媒介的合称，这样，我们便有了四大新闻传媒：

报纸传媒（报社与报纸的合称）、广播传媒（电台与广播的合称）、电视传媒（电视台与电视的合称）、网络传媒（新闻网站与网络的合称）。由此推而广之，笔者把社会精神传播的传播媒介和传播媒体合称为传媒，于是，图书和出版社合称为图书传媒、杂志和杂志社合称为杂志传媒、电影和制片厂合称为电影传媒、电信和电信局合称为电信传媒，如此等等。当我们说"传媒产业"时，就是把传播媒体和传播媒介合起来看作一个整体，也只有把二者合起来才能构成一个产业。又如，当我们说"传媒文化"时，是指传播媒体和传播媒介合起来构成的文化生产、文化传播、特定文化形式和文化消费等社会文化现象。

我国学者对传媒有不同的界定。刘伏海认为："大众传播媒介，简称传媒或大众媒介，是使大众传播者与受众发生关系的中介物，传播者通过这个中介物，才能把信息传递给受众。"童兵认为："在传播活动中，媒介特指传播媒介，简称传媒，指用来表达含义的静态或动态的任何事物或物体排列。"张国良认为："新闻媒介又称大众传播媒介，简称媒介、传媒。"郭庆光认为："报社、电台、电视台等媒介机构是从事信息的采集、选择、加工、复制和传播的专业组织，从其生产规模的巨大性和受传者的广泛性而言，我们又把它们称为大众传播者，或称为大众传媒。"

笔者认为：传媒是指社会精神传播媒体和传播媒介的合称；新闻传媒则是指新闻媒体和新闻媒介的合称。新闻媒体是指报社、电台、电视台、新闻网站和通讯社等；新闻媒介是指报纸、广播、电视和网络等。这样界定的新闻传媒、新闻媒体和新闻媒介是指称形态、构成、性质和功用各不相同的事物，应该对它们进行分门别类的研究和理论阐述，不宜混同。

**二、新闻传媒的技术系统：新闻媒介**

**（一）新闻媒介是新闻传播的工具**

"媒介"作为普通词语，它的含义是由词典给出的，在《现代汉语词典》中媒介的含义是"使双方（人或事物）发生关系的人或事物"。媒介在传播学意义上是指利用媒质存储和传播信息的物质工具。媒介包括两方面要素：一是包容媒质所携带信息或内容的容器，如书（甲骨、竹简、帛书、纸书）、相片、录音磁带、电影胶片、录像带、影音光盘等；二是用以传播信息的技术设备、组织形式或社会机制，包括通讯类（驿马、电报、电话、传真、电子邮件、可视电话、移动电话等）、广播类（布告、报纸、杂志、无线电、电视等）和网络类三大类。在当代社会，一般而言，媒介指机械印刷书籍、报纸、杂志、无线电、电视和国际互联网等，它们都是用以向大众传播消息或影响大众意见的大众传播工具，都是传播信息的媒介。

在新闻传播活动中，报纸、广播、电视、网络等新闻传播媒介是新闻传播者和受传者进行间接交往实现互动的工具。新闻传播的特点在于它是跨越时空的，即传者与受传者可以在相互隔离的不同时空中进行交往，也就是借助新闻传播这种方式进行间接交往，所以，新闻传播就是以新闻为内容进行间接交往的方式。要想实现新闻传播，必须采用相应的传播技术手段或方法，充当新闻传播技术手段的正是报纸、电视等新闻媒介。我们把这些在新闻传播活动中起中介作用的新闻媒介看作完成新闻传播的技术手段，也就是相对于传播目的而言的一种传播工具，是传播新闻的物质载体。

工具是人类活动的要素。人类活动与动物本能活动的显著区别就在于人类活动是一个由主体、工具和客体构成的三维结构系统。工具无论在人的衣、食、住、行等日常活动中，还是生产实践、认识、审美、社会交往等各种活动中，都发挥着重要的作用。"人是能制造和使用工具的动物"，集中地概括了人类活动的工具特性[①]。

那么，什么是工具呢？概括地说，工具是主体与客体关系的中介，是人所制造和使用的中介物，或者说是人类活动的中介系统。首先，工具不同于自然物。工具是人有目的、有意识的创造物，凝结着人的知识、智慧和创造性。工具是人加工制造的产物，体现着人的本质力量，体现着人的目的和意图，否则，工具就不能成为主体与客体联系的中介。其次，工具不是人的身体器官，而是身体以外的存在物。工具一经产生就是外在于人的客观存在物。再次，工具具有主体和客体的双重属性。一方面，工具是依照主体的意图制造出来的，它本身凝结着主体的知识和力量，体现着主体的能动性和创造性，因此，工具体现出主体的某些特征。另一方面，工具一旦制造出来，就具有同客体同样的客观性，它是不以人的意志为转移的客观存在，要想熟练地、有效地使用工具，必须了解其性能和掌握操作技能。可见，工具又具有客体的某些特征。

工具的根本特性首先是它的中介性，其次是它的可操作性。工具是主客体关系和相互作用的中间环节和桥梁，是主体作用于客体的能量或信息的传递者。主体与客体的关系或联系经常是间接的，如果没有工具的中介，主体对客体的作用或关系就不能实现。工具的基本功能就是在主体与客体之间起中介作用。工具的可操作性是指工具的使用必须具有普遍的意义，也就是说，工具不仅能在特定主体的某一活动中使用，而且也能在其他主体的同类活动中使用，按照使用规则和程序，工具使用

---

①叶薇.科技创新引领新闻传媒行业变革[J].上海信息化,2023(3):19-22.

的过程、方法和技巧能够重复和模仿。可操作性使工具充当了实现主体与客体建立相互关系和产生相互作用的传导者。使用可操作工具也提高了主体的活动效率。

通过以上有关工具的一般性分析，可以看出，工具作为主客体之间的中介物，充当着主客体关系和相互作用的传递者，起着主客体之间能量、物质和信息交换的媒介作用。工具的使用替代、延伸和扩大了主体的活动能力，克服了主体在生理上和心理上的局限。工具既是借助和利用自然物自然力的产物，又是人类科学技术知识的实践经验的物化。

至于工具的类型，可以分为硬性工具、软性工具和中性工具三大类。①硬性工具是指各种实物性工具，包括劳动工具、科学实验仪器和各种机械设备等。硬性工具是工具系统中最原始的，也是最基本的工具形式。从原始社会的石器到当代的电子计算机，都属于硬性工具。硬性工具是人类工具体系的基础。按其功能，硬性工具的组成还可以分为工作工具、传输工具和动力工具。软性工具是指操作硬性工具所需要的各种程序、规则和方法（包括逻辑推理）等，也就是操作硬性工具的工具，或者说，软性工具是活动主体同硬性工具联系的中介。在主体的活动中，简单的操作规程、复杂的技术原理、一般的方法论体系，都属于软性工具的范围。方法、规范和技巧是软性工具的三种重要形式。方法是指操作和控制硬性工具的基本方式，方法和硬性工具的联系最为密切，方法是活的工具，硬性工具则是死的方法，方法是软性工具的核心。规范是指操作硬性工具时应遵循的基本规则，它保证主体操作硬性工具的有效性。技术可以看作最主要的操作规范。技巧是操作硬性工具过程中形成的简单实用、准确熟练的操作程序。软性工具作为操作性工具，是主体与硬性工具联系的中介，它不直接和客体相接触。软性工具不是实物工具，是知识化或观念形态工具，比硬性工具更具有可塑性和灵活性。中性工具是把硬性工具和软性工具结合起来的工具，也可称为元工具，其主要形式是语言符号。中性工具既是对软性工具的直接解释，又是软性工具解释硬性工具的工具，因而中性工具在主体与软性工具之间以及软性工具与硬性工具之间，都起着沟通和联系的作用。自然语言

（包括口语和书面语言）、数学语言（各门学科的共同语言）和形式语言（计算机语言），是中性工具的三种基本形式。形式语言作为计算机可以接受和处理的语言，成为人—机对话的主导工具，它具有精确、严密、不受种族和地区限制的特点。

我们说新闻媒介是一种传播工具，是因为它具有和工具相同的特征。第一，新闻媒介和工具一样，是人类创造的产物，它既不是人体器官，也不是自然存在物。新闻媒介一经产生就是人身外的客观存在物。第二，新闻媒介和工具一样，都是人类活动的中介物。新闻媒介的中介作用就是在新闻传播者（传播主体）和受传者（传播客体）之间传递新闻，使主客体之间建立起相互依赖的新闻传受关系，产生相互作用或影响，产生互动。中介性是工具的普遍特性，而中介性也正是新闻媒介的本义，是它的基本功能。可见，新闻媒介的确是人类新闻传播活动的一种工具，它具有工具的主要属性。第三，新闻媒介和工具一样，是人类新闻传播活动的要素。人类活动是由主体—工具—客体三要素构成的系统，人类的新闻传播活动也是由新闻传播者—新闻媒介—新闻接受者三要素构成的系统。其中的新闻媒介是新闻传播活动不可缺少的要素，没有新闻媒介就不可能构成新闻传播活动。第四，新闻媒介和工具一样，具有可操作性。新闻媒介的可操作性，就意味着它是由人来使用的东西，作为新闻传播手段，它的运行是由人来支配、调度和控制的。新闻传播者操纵新闻媒介实现传播新闻的目的。

通过以上类比，我们了解了新闻媒介的工具属性。作为人类新闻传播活动使用的一种工具，新闻媒介除了具有工具的普遍属性以外，它还具有区别于其他工具的特殊性。首先，我们应当把新闻媒介理解为负载着新闻内容的工具，它是新闻传播的载体，这与普通的工具不同。正是它负载的新闻内容引起了传授之间的互动。作为传授之间互动的工具，没有新闻内容的新闻媒介是没有意义的。我们应当着重理解处在传播使用中的新闻媒介的工具性，而不是把它看作闲置或静止的工具。其次，每一种新闻媒介都是由硬性工具、软性工具和中性工具构成的复合工具系统。由于新闻媒介是一个复合工具系统，所以，无论是内部结构、技术水平，还是操作使用，都表现出新闻媒介的复杂性。例如，报纸媒介的硬性工具是其版面，报纸版面是利用字符、图片、线条、色彩等编辑手段并由标题、正文、报头、报眼、报尾等版面元素编印出来的有规格纸张。报纸媒介的软性工具包括印制和阅读的程序、规则和方法。报纸媒介的中性工具就是语言文字等符号。对于电视媒介来说，组成电视媒介的硬性工具包括录制声像的技术设备、发射台、传输设备和接收机等。电视媒介的软性工具包括录制声像的技术原理、技巧、发射和接收的程序、规则和方法。电视媒介的中性工具就是语言文字、图像等。

这里应该特别指出，我们说新闻媒介是新闻传播的工具，并不意味着新闻媒介只能用来传播新闻，而不能用于其他信息的传播。其实，就传播内容而言，新闻媒介除了传播新闻以外，它还是一种具有广泛用途的传播工具，众所周知，新闻媒介可以用于广告传播，用来进行政治、科技、文化等方面的社会教育，以及用于娱乐，等等。但是，新闻媒介与非新闻媒介（如图书杂志等其他传播媒介）的区别在于：新闻媒介完全适应于新闻传播时效性的要求，能够及时（甚至于即时）、快速地传播新闻，其他传播媒介不具有这种功能。从这个角度看，新闻媒介是指能够满足新闻传播时效性需要的适宜经常化（24小时不间断）、专业化传播新闻的公共传播媒介。

**（二）新闻媒介的技术构成**

1.报纸媒介

（1）报纸媒介的传播技术流程

稿件图片→报纸编辑→报纸排版→报纸印刷→报纸发行。

（2）报纸媒介传播技术操作概要

第一，报纸编辑操作技术。组织稿件是报纸编辑的第一道工序。组稿的来源：记者撰稿；通讯社稿件；约稿；通讯员来稿；读者来稿；机关单位寄送的报告、简报等。有了源源不断的稿件（包括图片等），接下来便是选择登报的稿件即选稿。选择符合要求的稿件是编辑操作的关键工序。稿件的好坏，很大程度上决定了报纸的质量和社会效果，因此，选稿时要按照办报的要求和选稿的标准严格把关，精心选取。对选择拟用的稿件进行细心审读和修改，这便是编辑操作的第三道工序。修改稿件首先是订正事实，新闻稿件要求事实必须真实、准确、清楚、统一；其次才是稿件的结构、表述、语言文字和标点符号的修改。稿件的修改通常采用校正、压缩、增补、改写、综合等方法。报纸编辑的第四道工序便是拟制标题。报纸标题具有提示新闻内容、评价新闻内容、吸引阅读、美化报纸版面等方面作用。报纸标题分为具体稿件的标题和报纸版面栏目的标题。拟制报纸标题的一般要求是题文一致、展示精华、态度分明、简洁明快、可读易懂、生动活泼。

第二，报纸排版操作技术。报纸版面是报纸内容编排布局的表现形式。报纸版面是由标题、正文、图片、报头、报眼、报尾等各部分组成的。编排报纸版面的手段主要是文字、符号、线条、图像、色彩等，它们是构成报纸版面的主体。运用不同的文字和符号、线条、色彩等，可以编排出特点各异的报纸版面。为了便于报纸版面的编排，通常是把报纸版面的平面空间划分为若干个栏，每个栏就是版面的一个小空间，这样，报纸版面的内容就可以按划分的栏来安排了。此外，在报纸版面编排过程中，还要注意运用版式（综合式、重点式、集中式、对比式）、版面美化等编排手段来表现编辑思想和版面内容。

现代报纸的排版是利用激光照排技术进行的。采用电子计算机激光照排系统编排版面的技术，叫激光照排技术。它是把计算机与激光照排机相连，再配上专用的排版软件组成的排版系统。整个照排系统的硬件部分包括录入机、编辑终端、组版终端、计算机主机、照排控制机、激光照排机、图片扫描仪、打印机、激光打字机等。排版的整个过程：将文字图片等输入计算机，再按照编排设计要求运用激光排版系统在计算机上进行改稿、组版、排版等技术操作，然后输出大样，报纸大样送审通过后，再通过激光照排输出胶片，最后把输出的胶片送到车间制版印刷出报。

2.广播电视媒介

（1）广播电视媒介的传播技术流程

由于广播和电视的技术基础都是微电子技术，它们的传播技术流程是相同的，即节目制作与播出→节目发送与传输→节目接收与重现。

其中，节目制作与播出是广播电视媒介系统的节目信号源，其主要作用是利用必要的设备和技术手段制作出符合要求的广播电视节目信号，并将经过编辑处理的节目信号借助小型微波或电缆传递给发送与传输部门，即完成播出任务。可见，节目的制作和播出只是节目传播的开始部分。接下来是节目的发送和传输过程。广播电视节目的发送一般是由发射台（包括发射机和发射天线）或卫星地面站或有线广播前端来完成。广播电视节目信号的传输一般是由无线电波传输、有线传输和卫星传输来完成。接收和重现是广播电视传播的终端，其主要任务是接收节目信号，进行必要的处理和变换，最终还原成声音和图像。接收和重现的功能主要是由接收机和重现设备（如显示器、扬声器等）来实现。

（2）广播电视媒介的传播技术操作概要

广播电视节目信号的制作与播出：广播节目处理的对象是声音信号，在制作和播出过程中所需要的设备和技术主要有录音室或播音室、传声器、拾音技术、调音控制台、录音设备（模拟磁带录音机、数字磁带录音机、数字光盘录音机等）、声音节目的编辑加工设备（数字音频工作站、压缩器及噪声门等音效加工器）、高质量的监听系统。电视节目处理的对象是活动的图像信号及其伴音。其中的伴音信号处理技术基本与声音广播节目相同。图像信号的处理所需要的技术设备主要有演播室、摄像机、录像机、编辑制作设备（电子编辑系统、特技效果、字幕机、动画等）、初频切换台等。

广播电视节目发送与传输：节目一般由卫星地面站、发射台、有线传输前端等三种方式发送。节目的传输也有三种方式，即地面无线电开路传输、有线网络传输和卫星传输。

广播电视节目的接收与重现：在接收端，需要采用适当的技术设备来接收所传输的节目信号，经过一定的技术处理和光电、声电变换之后，送往显示器和扬声器进行音像重现。节目信号的传输方式不同，接收的方式也相应不同，有线接收、地面无线接收、卫星接收是三种基本的接收方式。例如，接收调幅广播节目，它属于地面无线接收，需要设有相应的地面接收天线，另外还需要在接收机中设置解调及其他信号处理电路，把接收的信号变换成具有一定幅度的音频信号，然后送往扬声器中便可恢复出声音。对于接收卫星电视节目来说，它属于卫星接收方式，需要设置专门的卫星接收天线，对通过天线接收到的节目信号进行下变频和解调处理变成视频信号和音频信号后，送往显示器和扬声器，然后就可以收看收听到电视图像及其伴音了。扬声器是将音频信号转换成声音信号的电声转换设备；显示器是将视频信号转换成光图像的电光转换设备。

3.网络媒介

（1）网络媒介的传播技术流程

网络媒介传播技术流程的特点在于信息总是沿着既定的网络流动的。

目前常用的计算机网络结构有总线网、环形网、星形网和网状网等四种。

第一，总线网：使用同一电缆把所有终端用户连接起来形成的网络。其优点是费用低、用户入网灵活、站点或端点用户失效互不影响；缺点是一次只能向一个终端用户发信息，其余用户必须等待发送机会。由于布线简单、扩充容易，终端用户失效和增减不影响全网工作，所以在局域网技术中得到普遍应用。

第二，环形网：使用一个连续的环把终端用户连接起来形成的环状网络。这种网络传输结构能保证一台设备发送的信号可以被环上所有设备都看到，消除了终端用户对中心系统的依赖。在简单的环状网中，网络中任何部件的损坏都将导致系统出现故障，这便阻碍了整个系统的正常运行，因而使用高级环形网就在很大程度上改善了这一缺点。环形网的特点在于网络上传输的信息都必须穿过所有端点，因此，如果环形网的某一点断开，网上所有终端之间的通信便会终止。为防止这一现象发生，每个端点既连接主环，同时又连接备用环，当主环发生故障时自动转到备用环上。

第三，星形网：网络的连接形式是由中心向四周散射，形成星罗棋布的网络结构。目前普遍使用以太网结构，处于中心位置的网络设备称为集线器。这种形状的网络便于集中控制。其特点是各终端用户之间的通信必须经过中心站。这一特点带来了便于维护和安全性高的优点。另外的优点是某终端用户的设备故障不会影响其他终端用户之间的通信。缺点是要求中心系统必须具有极高的可靠性，因为中心系统一旦损坏，整个网络系统便趋于瘫痪。

（2）网络媒介传播技术操作概要

网络媒介的技术操作是通过操作软件系统进行的。常用的网络操作系统有NovellNetWare、WindowsNT、UNIX和LINUX。

第一，WindowsNT。WindowsNT是微软公司推出的Windows计算机软件系列家族中的一员，它包括两部分：面向客户机的WindowsNTWorkstation和基于服务器的WindowsNTServer。

WindowsNT是一种32位网络操作系统，它是一种面向分布式图形应用程序的完整的平台系统。它具有工作站和小型网络操作系统具有的所有功能，包括文件及其管理系统、多任务多线程环境、支持对称的多机处理系统、拥有兼容于分步计算的环境。它还具有良好的用户界面和操作方便的优点。

第二，NovellNetWare。Novell公司的NetWare3.X和4.X是32位的网络操作系统，可运行在Intel80386以上的处理器上。这种操作系统还是一个性价比非常高的文件和目录服务器，网络管理功能很强，它支持单处理器和多处理器操作，实现了用户从任何地点登录到服务器的无环境登录。

第三，UNIX。这是一种标准的计算机网络操作系统，是运行在计算机上的最基本的软件，为字符处理和电子表格之类软件程序提供低层支持。这种操作系统是为许多用户同时使用而设计的（即多用户），是互联网中的服务器使用得最多的操作系统。

第四，LINUX。这是一种自由软件操作系统。自由是指用户可以自由地获取程序及其源代码，并能自由地使用它们，包括修改或拷贝等。其性能优于其他网络操作系统。

我们在以上的叙述中概略地介绍了新闻媒介（报、广、电、网）的技术构成。从技术的角度看，新闻媒介是科学技术发展的产物，具有很高的科技含量，并且往往是高科技的应用，所以新闻媒介的产生、应用和发展都依赖于科学技术的发展，没有科学技术的发展和支持，新闻媒介也就不会产生和发展，并且新闻媒介的驾驭和使用也需要具备高度科技知识和技能的专门人才。可见，新闻媒介的技术性是它的根本属性。

报纸媒介的技术基础是造纸术和印刷术。这是中国古代的两大技术发明。今天的造纸技术和印刷技术都大大地向前发展了，特别是当代计算机技术的发展，使报纸的生产制作过程应用了电子计算机激光照排编排版面的技术。传统的报纸是用铅字印刷的，其过程是先熔化金属铅，然后铸成铅字，接下来是按稿捡字，手工排版。这种技术工艺劳动强度大、污染环境、有害健康。随着计算机技术的发展，电子激光技术取代了"铅"与"火"。

广播电视媒介的技术基础主要是电子技术，采用电子技术设备，以无线电波或导线为载体，将音像信号传送给听众和观众。声音广播最早产生于19世纪末，它是随着电信技术和电子技术的发展而出现的。声音广播的诞生首先得益于19世纪无线电的发明。声音广播的传播介质是电磁波，携带声音信息的电磁波称为无线电波，它可以在空气中传播，也可以沿导线（电缆或光缆）传播。广播就是利用电子技术通过无线电波或导线传送声音节目的新闻媒介。无线电波最初是被用来传送电报的，19世纪20年代发明了电与声音相互转换的器件，才使声音广播成为可能。1920年第一座无线广播电台在美国开播，随后世界各地相继建立了中、短波广播电台。经过近一个世纪的技术发展，声音广播已从单声道发展为立体声、环绕声和数字声，传输方式也从地面无线、地面有线发展到利用宇宙空间的卫星进行远距离传播，广播节目不仅在本国传播，而且可以传播到全世界。声音广播的产生不但源于科技的发展，而且它的不断发展也必须依赖于科技进步。到了20世纪90年代，随着数字技术的发展，声音广播技术也开始由模拟方式向数字方式过渡，出现了数字调幅、数字调频、数字音频等数字声音广播技术。如果将模拟调幅、模拟调频广播看成是第一代和第二代广播技术，那么数字声音广播则是第三代广播技术。数字声音广播是将模拟声音信号转换成数字信号进行处理和传输的广播方式。由于数字系统可以采用纠错编码技术，因而可以消除传输过程中噪音和干扰的积累，从而保证了传输的可靠性。另外，数字系统可采用数据压缩技术，因而大大提高了频谱利用率。数字信号本身便于存储、交换和处理，还便于和计算机连接。数字声音广播的先进性，全是由于科技进步带来的，随着数字技术、计算机技术、网络技术和卫星技术的发展，声音广播正快速进入数字化时代。数字化声音广播是广播领域里的一场革命，是当代多种高科技的结晶，是信息高速公路的一个重要组成部分，将对全球的广播事业和电子产业产生巨大的影响。

电视媒介是指用电子技术传输图像和声音的新闻媒介。简单地说，电视就是以一定的方式将景物画面从一处传到另一处。为了实现这个目的，需要首先将景物画面转换成电信号，电信号经过处理之后，通过特定的信道传输到接收端，最后显示设备重现原来的景物。这个过程包括了光—电转换技术—信号处理与传输技术、电—光转换技术等各个技术环节。电视的工作原理可简单概括为：在发送端，用电视摄像机拍摄外界景物，经过摄像器件的光—电转换作用将景物内容的亮度和色度信息按一定规律变换成相应的电信号，做适当处理后通过无线电波或有线信道传输出去。在接收端，用电视接收机接收电视信号，经过显示器的电—光转换作用，将电视信号按对应的空间关系转换成相应的景物画面，这时在屏幕上重现原始景物的彩色画面。

电视媒介系统主要由三部分组成，即信号源系统、信号传输系统和信号接收系统。信号源系统的主要任务是制作并播出符合一定标准的电视节目，这一工作主要在节目制作部门或电视中心完成，所用的关键技术是摄像技术、节目制作和编辑技术、节目播出技术。传输系统的作用是将播出的电视节目以可靠的方式，经过适当的传输通道传送到接收系统。传输方式可分为无线和有线两种。有线传输是指传输介质为电缆、光缆等有线通道；无线传输是指传输介质为无线电波、卫星转发、微波中转、地面超短波覆盖等无线通道。广义地讲，电视信号传输有两种方式，一是定向传输，即从一个地点到另一个地点的传输，例如从电视中心到发射台（或卫星地面站）的传输、实况直播时由现场到电视台的传输。二是覆盖性传输，即由点到面的传输，例如，在地面电视广播中，电视信号以超短波形式沿地面进行传输，此时以发射天线为中心向四面八方辐射出去，便是典型的覆盖性传输；通过卫星向地面转发的传输也属于此例。根据电视系统传输的特点可将电视传播分为三种类型，即地面电视传播、卫星电视传播和有线电视传播。地面电视传播是指电视信号经调制后以无线电波形式沿地表进行传输覆盖；卫星电视传播是指利用地球同步卫星对电视信号进行转发，从而实现长距离的传输和大面积的覆盖；有线电视传播是指利用有线网络进行电视信号的传输和分配。接收系统的任务是利用适当的接收技术设备接收传输通道送来的电视信号，并正确重现原始的图像和伴音。

不难看出，电视媒介是科技高度发展的产物，电视媒介由黑白到彩色，以至有线电视、卫星电视、数字电视、高清晰度电视的出现，都是由于技术进步。

至于说到网络媒介的技术基础，那首先是由于计算机技术的成熟，其次是通信技术的发展。计算机网络就是用通信设备和线路将不同空间位置且独立操作的计算机连接起来，再配置相应的工作系统和应用软件，从而形成计算机资源共享和信息传递网络。计算机网络的用途之一是实现资源共享。这种共享是通过两个相呼应的独立程序完成的。一个程序在服务器中，提供特定的资源；另一个程序在客户机中，它使客户机能够使用服务器中的资源。客户机—服务器系统是计算机网络（尤其是国际互联网）的最重要技术，其系统结构是把一个大型的计算机应用系统变为多个互为独立的子系统，而服务器便是整个应用系统资源的存储与管理中心，多台用户机则各自处理相应的功能，共同实现完整的应用。用户使用应用程序时，首先启动客户机通过有关命令告知服务器进行连接以完成各种操作，而服务器则按照此请示提供相应的服务。

其实，计算机网络是由两个或多个计算机通过特定的通信模式连接起来的一组计算机，完整的计算机网络是由网络硬件系统和网络软件系统构成的。组成计算机网络的硬件主要有：服务器、工作站（客户机）、适配器（网卡）、连接线（传输介质）。如果要扩大局域网的规模，就需要增加通信连接设备，如调制解调器、集线器、网桥、路由器等。把硬件连接起来，再装上专门用来支持网络运行的软件，包括系统软件和应用软件，那么，一个能够满足传播需要的计算机网络就建成了。

### 三、新闻传媒的组织系统：新闻媒体

#### （一）新闻媒体的含义

作为专业用语，"媒体"在不同专业领域里的含义是不同的，也就是用它来指称不同的对象。在信息技术中，媒体的含义如下：①在通信中指通信介质，是用于载送信号的媒介。在局域网中，一般是同轴电缆、双绞线和光缆等；在无线扩频网络中，是自由空间；在远程网络中，通常是同轴电缆、普通电缆、光缆，以及传播微波信号、卫星信号和激光的自由空间等。②泛指承载信息的固定或可移动载体，如软盘、光盘、磁带等。在潘云泽等主编的《现代传播技术》一书中，对媒体的含义做了如下的界定：在计算机和通信领域，我们所指的文字、数据、符号、图形、声音、图像（静态的照片和动态的电影、电视和录像）、动画等，都可以称为媒体。该书又说，按照国际电信联盟的定义，媒体有以下五种：感觉媒体、表示媒体、显示媒体、存储媒体和传输媒体。感觉媒体指的是用户接触信息的感觉形式，如视觉、听觉和触觉等。表示媒体则指的是信息的表示和表现形式，如图形、声音和视频等。显示媒体是表现和获取信息的物理设备，如显示器、打印机、扬声器、键盘和摄像机等。存储媒体是存储数据的物理设备，如磁盘、光盘、硬盘等。传输媒体是传输数据的物理设备，如电缆、光缆、电磁波等。该书还对多媒体

做了界定：根据最新的定义，所谓多媒体，指的是使用数字压缩和网络技术将广播、电视、电话、传真、电子出版、计算机通信等各种信息媒介联成一体，对声音、影像、文字、数据等进行一元化高速处理并提供给用户的双向信息系统。多媒体加网络，实际上已经成了信息高速公路的代名词。

在新闻传播学和新闻传播实践中，我们看到媒体一词常常出现，经常使用。这种使用往往是把媒体作为媒介的等义词，二者混同使用。笔者认为，媒体要与媒介区别开来，给予不同的含义，不宜混同使用。

新闻传播学和新闻传播实践中使用"媒体"这一术语时，其含义不应是前述通信技术和计算机领域里媒体的含义。那么，在新闻传播学中使用媒体一词的含义应是什么呢？

笔者认为，首先要给它一个特定的名称，应该称为"新闻传播媒体"，简称为"新闻媒体"。这里，笔者吁请最好不要简称为"媒体"，以示与通信技术和计算机领域里使用的媒体相区别。其次，要规定它的确切含义。新闻媒体是指报社、电台、电视台、新闻网站和通讯社等从事新闻传播活动的社会组织实体，也是社会化、大规模、专业化和经常性传播新闻的经营实体。这就是本书使用新闻媒体这一术语的含义。

关于新闻媒体，我国学者童兵认为："传播媒介有时也称媒体，专指交流、传播信息的工具，如报纸、广播、电视、广告等。新闻媒体，特指专门用于交流、传播新闻信息的工具，仅包括报纸、新闻期刊、广播、电视、新闻电影、通讯社等六种传统新闻传播媒介和正在发展的新媒体。"周庆山认为"不同的媒体有着各自的个性特点，决定了不同媒体对传者有着不同的要求。当然，从大的方面来说，报纸、广播、电视有着诸多的共性，存在着诸多共同规律；但同时，每一种媒介又有着自己的特殊规律。即使属同一种媒体，不同的报纸、不同的电台、不同的电视台，由于面对的对象不同，办报、办台的宗旨有别，所负的具体使命各异，因此，对于传者来说，报道同样的事实，为不同的媒体撰稿，为同类媒体中的新闻机构撰稿，应该体现差异，应当遵循适切性原则。相反，以同一模式为不同的新闻媒体撰稿，终会因抹杀媒体个性而影响传播的效果。"在这段论述中，使用了媒介、媒体、新闻机构和新闻媒体。令人不解的是这四者指称的是同一对象，还是不同的对象？如果是同一对象，何必四者齐用呢？如果是不同的对象，它们指的是什么，含义是什么呢？

**（二）新闻媒体是一种社会组织**

社会中存在着许多组织，例如党政机关、共青团、妇联、工商企业（工厂、公司）、医院、学校。和这些组织一样，报社、电台、电视台、新闻网站等也是一种社会组织。我们说新闻媒体是一种社会组织，有以下几点理由。

1.人是构成新闻媒体的第一要素

社会组织的含义是指对人的组织，是被组织起来的一群人，是人的一种群体。各种社会组织首先要有人，然后才是从事活动所需要的资源，只有资源而没有人，那就不会形成组织。人是社会组织的核心要素，这是社会组织的一个特征。新闻媒体也具有这个特征，例如一个报社，首先要有社长、各个部门的负责人、记者、编辑以及各个具体岗位的人员。如果没有这些人员，尽管有了资金和物资技术设备，这个报社也是无法运转的。构成新闻媒体的第一要素还是人。

2.新闻媒体有自己的组织目标

组织是实现目标的工具，任何社会组织都有自己的确定目标，没有目标，这个组织也就没有存在的必要了。各种社会组织相互区别的重要标志是它的组织目标，所以，组织目标是社会组织的另一个重要特征。组织目标的内容广泛，包括使命、目的、对象、指标、定额；有时也指任务的合法化和正规化，还可以是组织所要完成的项目；还包括组织需要满足服务对象的各种要求。

对于新闻媒体来说，它的永久性目标就是更好地向社会公众传播新闻。这是它和其他传播媒体（例如出版社、电影制片厂等）的根本区别，失去这个永久性目标，也就不称其为新闻媒体了。永久性目标是新闻媒体这种组织之所以应该存在的理由、根据和基础。永久性目标决定了新闻媒体的社会性质和社会功能。此外，新闻媒体还有它的阶段性操作目标。这种目标就很多了，例如，一个时期的宣传中心和报道重点，节目、栏目的创新和优化，发行量和收视率的提高，全员培训，改进领导作风和改善管理体制，提高工作效率。可操作性目标又可分为主要目标和次要目标，长期目标和短期目标。这些具体的可操作性目标是新闻媒体日常运行要实现的目标。另外，如果从公益性和经营性的角度来看，新闻媒体的目标还可以分为公益性目标和经营性目标。例如：如何提高新闻报道的质量和社会效果则属于公益性目标；如何增加广告收入则属于经营性目标。

组织目标对于新闻媒体很重要。首先，它是新闻媒体运营的灵魂。新闻媒体就是依靠其特定的目标存在于社会的，新闻媒体的一切活动也是围绕着目标而进行的。失去目标就意味着新闻媒体的活动失去了方向。其次，新闻媒体的目标是制定其运营方针、政策和重大措施的依据。都要以实现目标为原则，检验方针政策是否正确的标准也是要看是否有利于目标的实现。

3.组织结构是新闻媒体的外显形式

凡是社会组织都有其组织结构。所谓组织结构，是指组织要素之间的协调关系，也就是构成要素的排列组合形式，表现为组织内部各部分之间的排列顺序、空间位置、聚集状态、联系方式以及各要素相互关系的一种组织模式。任务如何分配，分工协作如何进行，人员、物流、信息流如何有效地交流，都要通过组织结构来实现，所以，组织结构是组织运行的一种体制。组织的要素主要包括人员、经费、物资设备及其他资源，这些是物质要素；还有精神要素，例如目标、责权（职位）、群体关系、角色和权威等。组织结构将规定这些要素在组织运行中的协调关系。新闻媒体是由人员、资金、物资技术设备等资源组合构成的组织实体。新闻媒体各构成要素之间如何排列组合，如何分配任务，如何分工协作，也是由其组织结构决定的。没有组织结构，也就是新闻媒体各要素不发生排列组合关系，那么新闻媒体就不能进行有序的运转。新闻媒体的组织结构具体体现在它的组织机构设置上。组织机构设置得合理与否，将直接影响新闻媒体的运作效率。

4.有效的信息沟通

新闻媒体在运作过程中，需要权力进行领导，而要领导就必须作出决策；要想让新闻媒体运作良好，还需要有效的信息沟通。职权、领导、决策、沟通，这些都是社会组织的重要特征。

纵观上述，我们完全可以确认新闻媒体是一种社会组织。从新闻媒体从事的主要活动来看，它是专门（专业化）从事新闻传播活动的组织。若是从其所从事的其他活动来看，新闻媒体又是从事宣传和舆论活动的社会组织；同时它又是从事政治文化社会化和社会文化传播活动的社会组织；它也是传播娱乐活动的社会组织。总之，从所从事的活动角度看，新闻媒体是一业为主多业并举的社会组织。

**（三）新闻媒体是新闻传播活动的主体**

什么是新闻传播活动？在新闻媒体驾驭新闻媒介进行社会化公共传播的领域里，笔者认为可以这样界定：新闻传播活动是指为传播新闻而进行的相关活动，包括新闻报道、新闻传播和新闻接收。新闻报道是指新闻采访、新闻写作和新闻编辑的总称。因此，就整体而言，新闻报道是新闻媒体的组织行为，而不只是记者和编辑的个体行为。什么是新闻传播？在我们所讨论的社会化、专业化的公共传播领域里，新闻传播是指新闻媒体从发出新闻作品到公众接收的传送过程。例如：新闻作品通过报纸的传送过程；新闻作品通过广播电视的传送过程；新闻作品通过网络的传送过程。

我们之所以说新闻媒体是新闻传播活动的主体，是因为它是新闻传播活动的发起者、组织者、实施者和掌控者。总之，在新闻传播活动中，新闻媒体扮演着主动者的角色。那么，新闻传播活动的对象，也就是这种活动的客体是谁呢？笔者认为是新闻传播的接收者。要是仅就其中的新闻报道环节来说，主体是新闻媒体，客体是新闻；仅就其中的新闻传播环节来说，主体是新闻媒体，客体是新闻作品；仅就其中的新闻接收环节来说，主体是新闻接收者，客体是新闻作品。

这里笔者还要顺便回答，新闻记者和新闻编辑不是新闻传播活动的主体。他们不能掌握和运用新闻媒介向社会公众传播新闻，也就是说，他们不是新闻传播活动的发起者、组织者、实施者和掌控者。新闻记者和编辑在新闻传播活动中的行为是一种职责行为，这种职责行为属于新闻媒体组织行为的组成部分，是为了完成组织目标而分担的角色和任务。新闻记者和编辑是他们所承担的职务活动的主体，新闻记者是采访活动的主体，新闻编辑是编辑活动的主体。同理，我们也不能把广播的播音员和电视的主持人说成是新闻传播活动的主体。播音员是播音活动的主体，主持人是主持活动的主体。

在实际的新闻传播活动中，新闻媒体和新闻媒介是不可分离的，它们是组合成新闻传媒作为一个整体进行运转的，没有新闻媒体或者没有新闻媒介的新闻传播活动都是不可能的。新闻媒体与新闻媒介的关系是驾驭与被驾驭的关系，即新闻媒体驾驭新闻媒介实施新闻传播。所谓驾驭就是新闻媒体支配、调度和控制新闻媒介实现其功能的活动。新闻媒体是由人组织起来从事新闻传播活动的组织机构，新闻媒介是由技术设备构成的传播技术工具，从这个角度看，新闻媒体与新闻媒介的关系是人与工具的关系，也可以说是人与物的关系。从占有关系上讲，新闻媒体是新闻媒介的占有者和拥有者。

# 第三节　新闻传媒的进化

## 一、新闻传媒形式的进化

### （一）报纸传媒的进化

在国外，欧洲最早的报纸雏形是古罗马帝国的手抄新闻信《每日纪闻》。这种手抄新闻信是由凯撒大帝于公元前59年下令创办的。《每日纪闻》的内容涉及重要的公共事件和政治事件，张贴于公共场所。之后，于16世纪首先在意大利的威尼斯等地出现了手抄小报，其内容主要是市场行情、金融信贷、航期等信息。新闻信息向定期化发展，出现了定期报刊。这标志着近代报纸的诞生。定期报刊的发源地一是德国，1609年世界上最早的周刊问世；另一个发源地是荷兰。在定期报刊的基础上出现了日报。世界上第一张日报是德国莱比锡的《新到新闻》，创办于1650年。英国的第一份日报是1702年伦敦出版社的《每日新闻报》。法国第一份日报是1777年创办的《巴黎时报》。美国的第一份日报《宾夕法尼亚邮报》创办于1775年，1783年改为日报。这些都标志着报纸的初创时期。

欧美资本主义国家报纸媒介的进化经历了由政党报到大众报（便士报）的时期。资产阶级革命后，随着议会民主和多党政治体制的确立，资本主义各国都经历一个以政党报刊为主的时期。各党派纷纷办报，作为政治斗争的工具。它们政治倾向明显，读者主要是政界和上层社会。但各国政党报刊的党派性质鲜明程度及延续时间不同。

英国报业最早进入政党报纸时期。资产阶级革命后，英国报业逐步活跃。18世纪初，英国政治形成托利党和辉格党两党对峙局面，为影响选举，争权夺利，它们分别创办报纸，报业史上由此出现第一批政党报纸。

美国独立后，立宪过程中出现两派：以亚历山大·汉密尔顿为首的联邦派和以杰斐逊为首的反联邦派（民主共和派）。两大派对峙，报纸的党派性加强，美国报业进入政党报刊时期。两派的主要报纸分别为《国民通讯员报》和《纽约晚邮报》。19世纪20年代，政治力量分化和改组，联邦派趋于瓦解。执政的民主共和派又分化为辉格党和自由党，两党的报刊互相角逐，形成新的对峙局面。独立革命到19世纪中期，美国经历了约70年的政党报刊时期。

法国大革命后，报刊随着政治的反复，几度兴衰起落。革命结束到19世纪中期，官报和政党报刊占统治地位。19世纪中后期，廉价报纸兴起，但直到19世纪末政党报刊都是报刊的主力。

18世纪后期起，欧美主要国家先后开始工业革命。工业革命给近代报业带来重大影响。教育有所普及，识字平民增多，形成新的读者群；邮政、通信、印刷出版、交通运输有了新的进步，新闻的采集传递更加迅速便捷，报纸出版得更快、更多，发行更及时；阶级力量发生新的变化，工业资产阶级和无产阶级同时壮大，推动了各国政治改革的进程，办报的政治环境逐步改善；工商业日益繁荣，广告数量增加，报纸成为赚钱的企业。政党报刊占报坛主导的局面被打破。

早期的商业报纸仍然主要面向社会中上层，通常称为高级报纸。工业革命后期，各国先后出现了面向社会中下层的通俗报刊，通常称为便士报，又称廉价报纸、通俗报纸、大众化报纸。这是一种新兴的商业报纸：内容上注重地方新闻、社会新闻；形式上文字通俗、版面活泼；经营上完全商业化，大量刊登广告。大众化报纸使近代商业报纸更加兴盛，逐步成为资产阶级报业的主体，为报业演进奠定了基础。

在我国，报纸的雏形要属邸报。"邸"是古代地方政府在首都的派驻机构。邸报就是这些派驻机构发回给地方长官的关于首都的信息汇编，其内容以朝廷政事为主，兼及其他要事。现存的最早的邸报要数唐朝的《敦煌进奏院状》。宋朝文献中有不少关于"小报"的记载。这些小报是一种流行于民间的新闻信，在当时具有相当的社会影响。到明清两朝则出现了《京报》。这是流传很广的民间出版物，并有专门从事经营《京报》的"报房"。《京报》还是以抄录官方发布的材料为主，没有自己编写制作的新闻作品和新闻评论。

以上简要回顾了报纸媒介的雏形和原始状况。与初创阶段的报纸媒介相比，当代的报纸媒介是大大的进化了。这表现在以下几个方面。

1.读者更加广泛

早期的报纸只供社会少数上层人士阅读，现代的报纸则面向社会中上层人士和社会大众办报和发行，社会的官员、工人、农民、商人、学生、知识分子等各类人群都是报纸的可能读者。因此，无论就全世界来说，还是就某一个国家来说，报纸的总发行量都是巨大的。特别是发达国家主要报纸每日的发行量都在几百万以上。

2.内容更加丰富

现代报纸的内容不像早期报纸那么单一、狭窄了。报纸的内容除了新闻以外，广告、文艺副刊、评论文章、科技和人文社会科学知识、医疗保健知识以及文化娱乐，这些内容占了很多版面。现代报纸是多种信息的传播媒介，可以满足读者对多方面内容的需要。因此，现代报纸的版面巨增，十几版、几十版以至上百版的日报已是常见的事了。

3.生产速度更快，时效性更高

由于技术进步，使得报纸的排版告别了铅字，采用激光照排技术，并且印刷速度大大提高了，从而使报纸的生产加快。由于交通运输的便捷，也使得报纸的传递更加快速了；还可以统一排版，然后分散异地印刷发行，这样一来就提高了报纸媒介传播的时效性；当日新闻可以当日见报，当天发行的报纸可以当天阅读。

4.版面更加美化

现代报纸的版面看起来很像一幅美术作品，版面的组合设计过程就是美术构图过程。现代报纸的版面要以美的原则来设计。首先，要求版面富于变化，通过栏的变化、标题样式的变化、版面空间和布局结构的变化，来体现报纸版面的美感，使版面新鲜、醒目，吸引读者。现代报纸特别强调恰当运用图像（照片、图形、绘画）、线条和色彩来实现版面美化。其次，现代报纸还从和谐、均衡、比例恰当等方面要求变化与统一相结合，给人一种变而不乱的美感。

5.现代报纸出现了跨国发行

例如：我国的《人民日报》发行了"海外版"；美国的某些报纸发行到其他国家。尤其是在当今的互联网时代，报纸跨国发行已经是轻而易举的事了。

**（二）广播传媒的进化**

我们这里说的"广播"特指声音广播。广播的另一层含义是泛指通过无线电波或有线系统向听众或观众传送节目的过程，包括声音广播、电视广播、数据广播，这是在传播意义上使用"广播"这个词。

从 1920 年美国匹兹堡建立世界上第一座无线广播电台开播以来，声音广播经历了 100 多年的历史，其间进化的历程是由调幅广播发展到调频广播，之后又发展到数字调幅广播和数字调频广播。现在已经把卫星通信技术应用于数字广播传输系统，实现了无噪音广播、全球化覆盖、可移动（在行驶的汽车和火车上）接收。

早期的无线电广播在技术上采用调幅（AM）方式，工作于长波、中波和短波波段。调幅广播经过长期发展，技术不断完善，形成的显著优点是接收机（收音机）简单、价格低廉、既适合于固定接收又适合于便携式（低速移动）接收。但是由于调幅方式本身的特点及工作波段的传播特性，它的广播质量不能再提高了。为追求高质量的广播，人们开发研究出调频（FM）广播。1941 年世界第一个调频广播电台在美国开播。与调幅广播相比，调频广播有很大优势，例如，具有较强的抗干扰能力，可实现高保真度广播，可播多套节目。再就是调频广播的波段较宽，易于实现立体声广播。现在世界各国的立体声广播都采用了调频方式。

到了 20 世纪 90 年代，随着数字技术的发展，声音广播技术开始由模拟方式向数字方式过渡，先后出现了数字调频广播、数字调幅广播。

调频广播是为固定接收设计的广播技术系统，在广播历史上曾经作为声音广播质量最好的技术而受到听众的欢迎，然而，它的缺点是在模拟式的传输过程中缺乏抗干扰能力。在运动的汽车中接收，特别是在密集的建筑群和山区中接受时，广播信号受到很强的损害和干扰。此外，由于广播电台越来越多，致使调频广播使用的频带被过密地占用，即使在家中固定接收，广播质量也会受到损害。为改进调频广播的质量，人们做了不少的努力，采取了一些改善的方法和技术，但都不能改变调频这种模拟广播方式的固有缺点。人们从理论和实践中认识到，模拟式的调频广播已经没有再进一步根本改善的可能了。于是，随着数字技术的发展，人们把数字技术引入声音广播系统，开发出了数字广播，这意味着人类的广播活动进入了数字化时代。

最先开发出来的数字广播是欧洲的数字调频广播，也称数字音频广播。它是继模拟调幅广播和调频广播之后的第三代广播方式。它的出现标志着广播系统由模拟向数字化过渡。数字音频广播以数字技术为基础，采用先进的音频数字编码、数据压缩、纠错编码和数字调制技术传输广播信号。用户接收到广播信号后，利用特制的数字音频接收机进行广播信号反变换处理，便可获得与原始发送信号质量相同的节目内容。数字音频广播的优点：①不论固定接收、便携式接收或高速移动（汽车、火车上）接收，都能提供CD盘的接收质量。固定接收不必使用定向的室外天线，移动和便携式接收只需要使用拉杆天线就足够了。②抗干扰能力强。使用便携式收音机和汽车收音机时也没有杂音。③降低发射功率，减少电磁污染。④频谱效率高，信道可容几十路立体声。在传送广播节目的同时，其数据信道有能力传送其他附加信息，如可在数字音频广播上叠加图像、文字和其他信息。目前发达国家已经开展的业务有交通旅游、商业、寻呼、导航和定位数据、远程教学、电子报纸、电子储存、音乐、各种活动图像，甚至可以传送数字电视。这种广播可称为数字多媒体广播。⑤具备加扰和加密功能，所以使有偿节目服务成为可能。⑥接收机操作方便、简单，抛弃了以往采用的烦琐的频率寻找过程，只要在接收机里输入节目号数即可。数字音频广播的接收机还可实现可变的动态控制，与现实的收听条件相适应，也就是无论在汽车上还是室内外，接收机都会自动调到最佳聆听的信号状态，使之与周围接收环境相适应。

总之，数字音频广播的音质好（CD盘音质），可保证高速移动状态下的接收质量，有较强的抗干扰能力和在恶劣环境下接收的能力，发射功率小，覆盖面积大，频率利用率高，并可利用卫星传输全球化而提高广播覆盖率。

继数字音频广播之后，人们开发出了数字调幅广播。这种广播可以继续保持模拟调幅广播的优点，同时又有数字广播的优势，使古老的调幅广播焕发了新的活力。这样一来，就使广播方式完全实现了由模拟向数字的转换。这种转换总起来看，数字广播是将模拟信号转换成数字信号之后进行传送处理和传输的广播方式。由于数字系统可以采用纠错编码技术，因而消除了传播过程中的噪声和干扰的积累，保证了传输的可靠性，提高了广播质量。数字系统可以采用数据压缩技术，因而大大提高了频谱利用率。数字传输系统还是一种多媒体广播系统，既可以传送声音广播节目，又可以传送数据业务和图像（包括静止或活动图像）。数字信号本身便于存储、交换、处理，还便于和计算机连接。

把卫星通信技术应用于广播系统，出现了卫星广播。卫星广播是指利用高空（地球大气层之外）的同步地球卫星进行广播信号传输的广播。所谓地球同步卫星就是在赤道上空运行的卫星，因为它绕地球一周的时间正好等于地球自转周期时间即同步运行，所以在地球上看，卫星在天空中似乎是不动的，故也称静止卫星。现在开发出来的最先进的卫星广播系统要数数字音频卫星广播系统，其中于1992年被世界电信联盟认可的则是由世广卫星集团推出的数字音频卫星广播系统。该系统由3颗地球同步卫星、广播上行站、数字接收机和地面控制运营网组成。3颗同步卫星分别是"亚洲之星""非洲之星""美洲之星"。广播上行站的功能是将要传输的广播信号进行调制、上变频和放大后，以足够的功率馈送到天线，然后由天线发送到同步卫星的转发器上。另外，广播上行站还可接收来自卫星的下行信号，用于监测传输质量和自动跟踪卫星。广播卫星的天线和转发器用来接收来自广播上行站（地球站）的上行信号，经过下变频和放大处理之后，产生下行广播信号，并通过卫星天线将下行信号转发（反射）到地面服务区域，供用户接收。

数字音频卫星广播具有很大的传播优势和强大的功能，它可以向全球直接播放节目，它直播到固定或移动接收机。数字音频接收机是集音频、文字、图像、数据于一身的接收机，用户通过接收机上的液晶显示屏既可以听广播又可以看广播。数字音频卫星广播具有下列优点：①音质纯净，可达到CD盘的水准。这是因为广播卫星转发的信号自上而下的辐射，电波不会遇到障碍物的阻挡。②覆盖面积大，任何地面广播系统无法与之相比，对以全国或全球广播覆盖为目标的电台来说，这尤其重要。③投资运营费用低。与全国调频广播网的建设投资相比，仅相当于1/200；与其运营费用相比仅是1/100。④广播节目可根据不同音质的播出需要，从最经济的角度任意选择带宽。⑤可以固定接收，也可移动接收，在行驶的汽车或火车上都可以达到满意效果。

### （三）电视传媒的进化

电视传媒经历了黑白电视、彩色电视、有线电视、卫星电视和数字电视的进化过程。

1930年左右，英国、苏联等国家试行了机械电视的广播。至1936年，首先是英国开始电子式的黑白电视广播，标志着进入了电子电视的时代。1950年前后，黑白电视才在世界各国得到普及。与此同时，彩色电视的试验和研制也在进行。彩色电视的发射和接收系统首先由美国试制成功，1954年，美国无线电公司所属的全国广播公司正式播出彩色电视节目，成为世界上第一个开办彩色电视广播的国家。从此进入了彩色电视广播的时代。

上述黑白电视和彩色电视都属于模拟体制电视。"模拟"一词的本义是类似或相似，在电视工程技术领域使用"模拟"一词的含义是连续的意思。相反，在使用"数字"一词时，它的含义是不连续、离散的意思。一般说"模拟量"都是指连续量，而"数字量"则是指离散量。要想记录或传送声音，就需要通过声—电转换器（传声器）变成相应的电信号；同样，要想记录或传送图像，也要通过光—电转换器（摄像机）变成相应的电信号。经转换所得到的电信号，如果在时间和幅度上都是连续变化的，则称为模拟信号；若是时间和幅度都是离散的，则称为数字信号。

模拟电视从图像信号的产生、传输、处理到图像的复原，整个过程都是在模拟体制下完成的。这种体制以幅度调制方法传送电视信号。

1.模拟电视的缺点

（1）模拟电视信号在传输过程中会出现较大的失真

模拟电视信号在传输过程中，由于传输通道并非十分理想，这就必然导致模拟电视信号的线性失真和非线性失真。在模拟通道中，即使采用最先进的模拟技术，这种失真仍然难以降到0.1%以下。其中非线性失真对模拟电视信号的亮度和同步信号均会产生影响，严重时还会影响彩色的饱和度和色调。线性失真会使电视信号的高频分量产生衰减，从而降低图像的清晰度，同时还会导致色度信号的增益、延时与亮度信号不一致，严重时甚至会造成色度失真。

（2）存在着亮色串扰

在模拟电视中为了不扩展传输频带，亮度信号和色度信号采用频谱交错原理，即利用亮度信号频谱空隙，将色度信号以正交平衡调幅或逐行倒相正交平衡调幅的方式调制在一个合适的副载波上，使得调制后的色度信号谱线正好插到亮度信号谱线中间，实现了频谱交错，这就完全达到了压缩频带的目的。但在接收机中，由于传统的模拟分离电路存在两个问题：其一，造成亮度信号和色度信号的相互串扰，使彩色图像质量下降；其二，要做到两个色差信号彻底分离和相互无串扰是很困难的，因此，彩色失真便不可能完全消除。

（3）模拟电视信号的信杂比较低

信杂比是指有用信号的功率同噪声功率的比值。当信杂比较高时，杂波的影响往往可以忽略，这时对图像的影响不大。当信杂比较低时，杂波就会影响图像质量。当信杂比太低时，杂波甚至能把有用的信号完全淹没。因此，提高信杂比是改善图像质量的重要指标。电视系统的杂波一方面来源于外界干扰，另一方面来源于有源器件的电流起伏和无源器件的电荷热运动。对于模拟处理电路来说，混合在一起的有用信号和杂波是很难彻底分离的。这样就必然降低了电视信号的信杂比。

（4）容易导致重影现象

在模拟地面广播中，高频电视信号是以电磁波的形式向外发射的。如果遇到高山、森林和高大的建筑物均会对电视高频信号产生多径反射，从而导致电视画面上出现重影现象，这将严重影响接收效果。

（5）存在行间闪烁

模拟电视为了解决信号带宽与闪烁感的矛盾，采用了隔行扫描方式，即把一帧画面分为两场，先扫1、3、5……组成的奇数场，再扫2、4、6……组成的偶数场，通过人眼的视觉暂留效应，能够感觉出一幅完整的画面。这在当时乃至现在的技术条件下，不失为一种最佳的选择方式，但隔行扫描对每行而言仍然是每秒25行，低于45Hz的临界闪烁频率，因而存在着行间闪烁现象。屏幕越大，扫描线越粗，扫描的间隔越大，行间闪烁和图像跳动越明显。

（6）存在并行现象

并行现象分为真实并行和视在并行。真实并行是由于行频和场频没有能保持住要求的锁定关系，或者扫描电流幅度不稳定、正程线性不佳等因素，造成奇偶场光栅不能均匀相嵌，从而使垂直清晰度下降。严重时，两场光栅重合，形成并行现象。此时，垂直清晰度下降一半。视在并行是指当物体在垂直方向上运动速度较快，每场正好下移一行行距，造成后一场传送的图像细节与前面一场相同。当视线随物体移动时，好像两行并行了一行。这种并行并非真实的并行，而是视觉上的，故称视在并行。视在并行也使感觉清晰度下降。

（7）垂直边缘锯齿化

当图像中物体沿水平方向运动的速度足够快时，由于隔行扫描使相邻行存在的时间差被察觉，结果导致物体的垂直边缘不再平滑圆润而呈锯齿状。画面物体运动的速度越快，垂直边缘锯齿化现象就越严重。

模拟信号在传输过程中容易引入干扰，记录和复制时也不可避免地造成信噪比下降。为了克服模拟信号的缺点，就需要研制高性能和高精度的装置以及高水平的维护技术，以改善这些缺点，但效果并不理想。最有效的办法是将模拟信号数字化。数字电视是在模拟电视基础上发展起来的。把模拟电视信号转化为数字电视信号的过程，称为模拟电视信号的数字化。数字电视是指数字化了的电视，就是将模拟电视信号经过取样、量化和编码之后，转换成以二进制数（一般为0、1）表示的数字信号，然后进行编码、调制、传输、存储、记录等各种处理的电视。其中，取样的目的是将时间上连续的模拟信号变成时间上离散的信号，量化是将幅度上连续的取样值变成幅度上离散的取样值，编码的作用是将离散化的取样值编成二进制数码。

把数字电视技术与高清晰度电视技术结合在一起，在一些发达国家已经开始进行数字高清晰度电视试播。高清晰度电视把电视扫描行数提高到1000行以上，将电视画面由现在的4：3幅型扩展到16：9幅型，并将图像尺寸加大（一般采用30英寸以上的大屏幕），再加上立体声效果，就能产生在家里看35毫米宽银幕电影的效果。比这种数字高清晰度电视低一档次的电视是数字标准清晰度电视。它是现行模拟彩色电视广播系统的局部设备数字化和改善清晰度的结果。它的清晰度对应于现有电视的分辨率量级。其图像和伴音的质量都比目前模拟电视有所提高，频道利用率高，在目前模拟电视的一个频道内可同时播放5~8套或更多标准清晰度电视节目。数字标准清晰度电视的分辨率在500~600线之间，它的图像质量达到演播室水平。由于数字标准清晰度电视信号是对模拟电视信号进行数字化之后得到的信号，所以它具有和模拟电视系统相同或相似的扫描格式和参数。在发送端，把图像直接变成数字信号，经过编码压缩之后，转换成适合于数字传输的码型，使之在数字微波数字光纤上传输。在接收端，用数字电视接收机将收到的数字信号还原成电视图像。数字高清晰度电视无论是性能，还是扫描格式和参数，都完全不同于模拟电视，它是继黑白和彩色电视之后开发的第三代电视。

2.数字电视的优点

（1）抗干扰能力强，画面清晰度高

由于数字电视信号以0和1的组合代替现行的模拟电视信号，因而在连续处理或连续传输过程中可能会引入杂波，但杂波的幅只要不超过某一额定电平，都可通过数字信号再生来消除，即使某一杂波电平超过额定值，造成误码，也可以利用纠错编码和解码技术予以纠错。所以在信号传输过程中，不会降低信杂比，也基本上不产生新的杂波。故数字电视具有很高的抗干扰能力。正因为如此，数字电视信号在传输过程中能保持信杂比基本不变，故接收端的图像质量基本保持与发射端一致，因而大大提高了信号质量，保证了电视画面的高清晰度。

（2）可充分利用频率资源

在现行的模拟电视系统中，一套节目占用的带宽是8MHz，而数字电视信号经视频压缩后，一套电视节目占用的带宽仅为0.50~0.75MHz。这样，在模拟电视的一个频带内能同时传送1~6套质量较高的标准清晰度电视节目，从而在有限的电视频带内能容纳的电视频道数将会大大增加，提高了频谱资源利用率，有利于科学合理地进行频谱资源的重新规划。

（3）声像俱佳

在数字电视中，采用了以下几种措施：第一，亮度信号和色度信号、色差信号能获得充分的分离而不失真；第二，采用了帧存储器可将电视的隔行扫描变换成逐行扫描，克服了隔行扫描存在的行间闪烁点；第三，利用数字技术设计的行场同步分频电路，可以实现抗干扰性很强的同步，使图像稳定。正因为如此，数字电视具有很高的图像质量。表现在画面上，图像清晰度高，几乎无雪花干扰点、重影和彩色失真。由于采用了高保真环绕立体声，所以伴音清晰悦耳。

（4）易于实现存储

随着大规模集成电路的发展，数字电视信号的存储技术逐渐趋于成熟。在数字电视中可存储多帧电视信号，包括成帧图像的存储，从而能进行包括时间轴和空间轴的二维、三维处理，得以实现模拟方法难以得到的多种信号处理功能。例如，帧存储器可用来实现帧同步和制式转换等处理，以获得各种新的电视图像特技，增强了电视屏幕的艺术效果。数字电视信号还具有极强的可复制性。

（5）服务多样化

数字电视、计算机和数字通信设备都是数字化设备，数字电视的发展促进三者的融合，产生了多种新的信息业务，必将成为未来的国家信息基础设备的重要组成部分。计算机网、通信网、有线电视网三网合一将显示出强大的功能。电视是由电视台播放电视节目的概念将被打破，数字电视不仅可以用于播放电视节目，而且可以提供多种交互式服务，以实现网上购物及上网浏览、交互式电视教育、图文杂志阅读、电子游戏软件等。

（6）可实现多种业务动态组合

在一套普通的高清晰度电视节目中，经常会出现图像细节较少的时刻，这时由于压缩后的图像数据量较少，便可插入其他业务，如电子节目指南、传真、电子游戏软件等。

（7）便于过渡

标准数字电视保存了现有模拟电视画面格式，便于过渡。用普通模拟电视接收数字电视节目时，只要通过一个数字机顶盒和普通模拟电视机连在一起，便可接收数字节目。

（8）便于生产调试的自动化

数字信号与模拟信号的最大不同，就在于对信号幅度大小要求并不严格。正因为如此，简化了元器件的筛选。同时数字电视的调试便于借助计算机自动进行。

（9）便于实现加扰和解扰技术

数字电视很容易实现加扰、解扰技术，以便扩展各种收费的广播电视服务和其他专业应用，比如军事和商业服务。

这里还要顺便说一下数字电视广播的接收问题。我们都知道，现在普及的模拟电视广播在接收端使用的是现行的普通电视机。数字电视广播接收端使用的接收机称为数字电视接收机（数字电视机）。数字电视接收机虽然已经研制并生产出来，但是由于价格昂贵，观众又不愿意淘汰手中现有的模拟电视接收机，所以，数字电视机很少被接受，难以推广。在这种情况下怎么办？于是，人们想出了用现行的模拟电视机接收数字电视广播的办法，这便是机顶盒的出现。在数字电视逐步发展的今天，一般家庭使用的普通电视机还是模拟的，要想不使用数字电视接收机，仍用模拟电视机接收数字电视广播，就必须采用一种在接收端把数字信号转变成模拟信号的装置，这便是机顶盒。所以，机顶盒是一种接收数字信号，然后作转换处理并输出模拟信号供普通电视机接收的终端设备。

简单地说，电视广播系统主要由三部分构成：首先是信号源端，中间是传输系统，最后是接收端。信号源端的主要任务是制作并播出符合一定标准的电视节目，这一工作主要在节目制作部门或电视中心完成。传输部分的作用是将播出的电视节目以可靠的方式经过传输通道传送到接收端。接收端的任务是利用接收设备接收传输通道送来的电视信号并在电视机上重现原始的节目图像和伴音。

根据传输方式不同，可将电视广播分为地面电视广播系统、卫星电视广播系统和有线电视广播系统。地面和卫星电视广播都属于无线电视广播。地面电视广播系统是指利用超短波沿地表进行传输覆盖的一种广播方式。在发送端，将电视信号经专用传输线路由电视中心传送到发射台，在发射台，经过调制和放大后的电视信号用发射天线以电磁波的形式向周围空间辐射。在接收端，携带电视信号的电磁波经过接收天线变成感应电流，并在电视接收机中进行解调，使之变成原始的视频和音频信号，在电视机屏幕上再现节目的图像和伴音。超短波传输需要在地面架设高天线进行大功率电磁波辐射，才能实现远距离大面积覆盖。发射天线越高，发射功率越大，则覆盖的面积越大、越远。目前我国中央电视台发射塔的高度为386.5米；天津广播电视台的塔高为415.2米；上海东方明珠电视塔塔高约468米。

卫星电视广播系统（简称"卫视"）是指以地球同步卫星转发电视信号为传输方式的电视系统。它由同步卫星、上行地球站、地球接收站和测控站组成。同步卫星是卫星电视广播系统的核心部分，卫星上装载的天线接收来自上行地球站的电视信号，然后把接收的信号经过低噪声放大、下变频和功率放大处理，由星载转发器通过发射天线转发到服务区域。上行地球站的任务是将电视台或电视控制中心传送来的电视信号进行基带处理、调制、上变频和高频功率放大，然后，通过地面架设的发射天线向同步卫星发送信号（上行信号）。同时，上行地球站也可以接收卫星转发的电视信号（下行信号），用以监视卫星传输的质量，测量卫星工作参数和环境参数，这便是地面测控站的任务。地球接收站接收来自同步卫星转发的电视信号。地球接收可以是个体接收，也可以是集体接收。个体接收是个体用户用小型卫星下行信号接收天线和简单接收设备进行接收，需要下行信号在覆盖区域的功率足够大。集体接收站需要有大口径的下行信号接收天线，还需要有高质量的接收机设备。卫星电视接收机的作用是将中频信号经过处理之后，转换成视频和音频信号输出。接收机输出的信号即可送电视机收看。集体接收站将接收到的卫星下行电视信号经过接收机处理之后，通过地面天线发射给分散用户收看。集体接收站也可以作为电视节目发送源供给当地电视台或差转台进行地面无线电视广播。作为节目源，集体接收站也可以将卫星电视信号输入当地有线电视系统的前端，通过光缆或电缆有线网络传送到千家万户供收看。

有线电视的出现也是电视传媒进化的一种形态。有线电视广播系统由五个部分构成：信号源、前端、传输系统、用户分配网、终端。信号源是供给所需要的信号，包括电视节目信号、多媒体信息信号、数据信号等。电视节目可以是接收机接收到的卫星电视节目、当地电视台和本地自办的节目。前端是有线电视系统的核心部分，它由位于信号源和传输系统之间的设备组合而成。它的作用是对电视信号进行变换、交换、复用、调制、混合处理，并将各路处理过的信号转换成一路宽带复合信号送入传输系统。传输系统可以看作有线电视系统的躯干部分，它的作用是延长距离、扩大电视覆盖范围。对于传统有线电视来说，传输系统的作用在于保证将信号源的信号稳定可靠地传送给用户分配网。对于具有交互功能的现代（第三代）有线电视系统来说，传输系统可在用户分配网和前端之间实现双向通信，即不仅可以由前端向用户传送信号，还可以由用户向前端回传信号。传输系统使用的传输介质可以是射频同轴电缆、光缆、微波，或它们的组合，目前使用最多的是光缆和同轴电缆的混合传输。用户分配网的作用是连接各个终端。传统有线电视系统的分配网只能单向地将电视信号分送到各个用户，现代有线电视还可以由用户向传输系统反向传送信息。用户分配网通常使用同轴电缆作为介质。终端是连接到千家万户的用户端点。传统有线电视系统的终端直接与电视机相连，供用户收看模拟电视节目。现代有线电视系统的终端要通过机顶盒连接到电视机，以便收看到数字电视节目。另外，还可以通过电缆调制解调器与计算机连接，实现因特网接入、电话、信息查询、双向通信等业务。

以上我们简要描述了电视传媒的进化形态，即由最原始的机械电视到电子模拟黑白电视和彩色电视，再到数字电视、卫星电视和有线电视。电视传媒的这些进化形态也反映了电视传媒传播技术的发展历程。

**（四）网络传媒的进化**

这里使用"网络"一词是指计算机网络的简称。当今的计算机网络已经发展成为由多个国家的计算机网络相互连通起来形成的国际网络，即通常说的"互联网"（因特网）。计算机网络按其覆盖的地域范围大小可分为局域计算机网络（局域网）和广域计算机网络（广域网）。局域网是指较小范围内形成的网络，一般局限在一个办公区、校园内或一幢大楼内。由于地域较小，一般不租用电话线路，而是直接建立专用通信线路，把各个计算机连接起来形成的局域网。广域网是指跨省（市）、跨国界构成的计算机网络。广域网各计算机的连接需要公共通信线路实现互联，比如电话线路网、卫星通信网等。国际互联网是最大的广域网，它是由独立运行和管理的各种计算机网络组成的。

计算机网络的雏形是1969年在美国建立的阿帕网。该网建立之初只有四个节点（网上每台计算机称为一个节点）联成的网，到了1972年也仅有23个节点，直到1977年才发展到111个节点。1986年，美国国家科学基金会建立了自己的网络并取代了阿帕网，成为后来向全球发展的主干网。计算机网络的开放性使它由最初的军用逐步进入民用，从大学校园、科研机构向全社会发展，从美国向全球扩展，逐渐形成一个世界性的网络（互联网）。互联网的发展速度很快，1998年，互联网已经通达180多个国家和地区，连接的计算机主机达到947万台，用户超过600万户。另根据第51次《中国互联网络发展状况统计报告》（发表于2023年3月2日）显示，我国网民规模10.67亿，互联网普及率达75.6%。现在互联网的发展不仅地域范围越来越扩大，用户日益普及，而且正向着网络传输宽带化的方向发展。

计算机网络的功能，或者说用途，或者说所能提供的服务，是多样化的。由最初的通信和数据共享功能发展到今天以互联网为代表的多种多样功能的汇合。当今互联网所能提供的服务有：网上信息浏览、信息查询、电子邮件、文件传输、远程登录、新闻组、网上交流（包括电子公告栏、网上聊天、网上论坛、博客、网络电话）、信息搜索、文件搜索以及电子商务等。

## 二、新闻传媒的融合

### （一）新闻传媒的个性

我们谈新闻传媒的个性可以从两个方面来谈，一方面是它的新闻载体个性，另一方面是它的新闻传播个性。新闻作为一种信息，无论是存储还是传播都需要有其特定的载体。新闻的载体可分为两类：一类是新闻的表述载体，另一类则是新闻的实物载体。新闻表述载体是指语言、文字以及其他符号、图片、表格、影像（静态的照片和动态的人物、景物画面）、声音（主要是语音、乐音和环境音）、数据等。新闻表述载体是用来表现（显示）新闻内容的手段，是新闻内容的物化表现形式。新闻作品就是运用一种或几种新闻表述载体表现新闻事件的作品。新闻的实物载体可分为两部分，一部分是新闻的存储载体，例如纸张、光盘、磁盘、磁带、胶片、电脑存储器等。新闻的存储载体其实就是存储表述载体的实物载体。人脑也可以看作新闻（信息）的存储载体，不过是活的载体而已。如此说来，新闻作品就是新闻表述载体和新闻存储载体的结合物，也就是新闻的物化形式。新闻实物载体的另一部分是新闻传输载体，例如电波、信号、光缆、电缆、通信卫星等。广播传媒、电视传媒和网络传媒的新闻传输载体只传输新闻的表述载体，不传输存储载体。报纸传媒的新闻传输载体是指报纸发行的运输工具和人力。报纸传媒的新闻传输载体不仅传输新闻的表述载体，它同时传输了新闻的存储载体。

1.报纸传媒的个性

（1）报纸传媒的新闻载体个性

①新闻表述载体：文字、照片、图表、数据；

②新闻存储载体：新闻纸张；

③新闻传输载体：人力和运输工具。

（2）报纸传媒的新闻传播个性

①视觉接受：这是从人类自身感知外界信息的方式来说的，人们从报纸接受新闻就是靠眼睛阅读；②可以长久保存，反复阅读；③便于自主选择的阅读；④便于展开深度报道，对于新闻事件的背景和细节，可以慢慢道来，进行深入细致的叙述和分析；⑤携带方便，可以移动接收即走路、坐车、乘飞机都可以阅读报载新闻；⑥由于运输、投递等传输过程的缓慢，致使报纸传媒的新闻传播时效性不佳；⑦阅读报纸要受到文化程度的限制。

2.广播传媒的个性

（1）广播传媒的新闻载体个性

①新闻表述载体：声音，包括语音、乐音、环境声音等；②新闻存储载体：最常用的是磁带；③新闻传输载体：电波、导线。

（2）广播传媒的新闻传播个性

①听觉接受，通过广播接收新闻就是靠人的听觉；②时效性好，由于广播采用电波传输新闻表述载体（声音），从而提高新闻传播的时效性；③现代广播可移动接收；④转瞬即逝，看不见摸不着，过后不留痕迹；⑤按程序播出，只能按序收听。听众只可选择电台和频道，不可对同一频道节目顺序作出选择。只能即时收听，不能倒检索和反复收听。

3.电视传媒的个性

（1）电视传媒的新闻载体个性

①新闻表述载体：文字、声音、影像、图表、数据；②新闻存储载体：磁带（可录像又可同步录音）；③新闻传输载体：微波、电缆、通信卫星。

（2）电视传媒的新闻传播个性

①视觉听觉同步接受，既看又听；②图文并茂，声像兼备；③新闻传播的时效性好，这是由于电视传媒的新闻传输载体是电波带来的；④便于报道新闻事件的现场和过程，所以电视新闻报道常采用现场直播的方式；⑤按顺序接收，除电视台和频道可以选择以外，节目播出顺序和内容不可选择性收看。

4.网络传媒的个性

（1）网络传媒的新闻载体个性

①新闻表述载体：语言、文字、其他符号、声音、影像、图表、数据等，网络传媒的新闻表述载体和电视传媒的相同；②新闻存储载体：磁带、硬盘、电脑存储器等；③新闻传输载体：电波、电缆、光缆、通信卫星等。

（2）网络传媒的传播个性

①视听同步接受，既可看又可听；②网络传媒传播最突出的个性是能够实现双向乃至多向相互传播，进行交互传播，这是报纸、广播、电视等新闻传媒做不到的；③网络传媒新闻传播的时效性优于广播传媒和电视传媒；④网络传媒让新闻接受者的接受过程有了更多的选择性，不是单方向被动接受，而是根据兴趣和需要自主地从网上提取内容；⑤网络传媒便于实现新闻报道现场化；⑥网络传媒传播的新闻可以在网上长久保存，而不是转瞬即逝，这可称为网络传媒的贮存性。

**（二）新闻传媒融合的形式**

1.报纸融入广播

这里所说的报纸融入广播是指可以把报纸登载的新闻或其他内容通过广播念给听众，变读报为听报。这时报纸传媒的新闻表述载体由文字转换成语音，而新闻传输载体转换成电波，从而提高传播的时效性。

2.报纸融入电视

报纸融入电视是指通过电视中心（电视台）的传送，把报纸版面原封不动地显示在电视机屏幕上，供观众阅读，也可配上主持人的解说。

这时报纸传媒的新闻表述载体不变，存储载体也不是纸张了，传输载体转换成了电波，提高了传播的时效性。

3.报纸融入网络（网络版）

报纸融入网络有两种方式：一是不加改动，把报纸的编辑内容直接搬到网上；二是加以改动，打乱原报纸的内容和编排，依据网络的特点编辑成一个新的报纸网络版上网。这样重新编辑的网络版报纸，它的内容和服务项目往往多于母报，是母报的改版和扩版。

4.广播融入电视

广播融入电视是指通过电视也可以进行声音广播。从传播技术角度说，电视声像兼备的特点已经包括了广播。电视中播放的主持人叙述新闻导语、无画面的简明新闻、编辑按语、电视台短评、主持人对电视画面的解说，这些都可以理解为广播。然而，从实际来说，并不需要通过电视进行广播，这里我们只是指出，从传播技术的角度说，广播融入电视这种新闻传媒的融合形式是可能的，并不是说实际存在着这种融合的需要。

5.广播融入网络（网播）

广播融入网络是指广播电台在网上建立自己的网站，通过网络传媒进行声音广播，也就是以数字化的音频信息（包括新闻）借网络传媒向听众提供广播服务。网络广播有两种常用方式，一是直播，二是点播。现在国内外都实现了网络广播。网播带来的突出特点是改变了广播被动接收和转瞬即逝的特点，具有了网络传播的交互性和灵活的选择性。

6.电视融入网络（交互电视）

电视融入网络在国内外都是处于积极开发阶段，距离较大范围的普及还有很远的路程。在互联网上建立电视台自己的网站，通过互联网传播新闻节目和其他节目，提供各种信息服务，这已经是实现了的事情，例如中国中央电视台的央视网、香港凤凰电视台的凤凰网。

电视融入网络带来的最大特点是实现了传播的双向交互性，所以人们称为"交互电视"。其次是给观众带来了灵活多样的内容选择性，从而改变了按电视台预定的顺序接收和转瞬即逝的缺点。此外，网络电视还给观众提供多种服务，如网络游戏、远程教育、可视电话、远程医疗、视频会议、电子商务等。

以上我们讨论了新闻传媒融合的形式。当然，新闻传媒的融合也可以理解为新闻传媒进化的另一种形态，即高层次的进化形态①。

### 三、新闻媒体的进化方向

新闻媒体的进化表现为两个方面：一方面是向着综合化（集团化）方向发展；另一方面是向着国际化（全球化）方向扩张。

**（一）新闻媒体由单一走向综合（集团化）**

20世纪90年代，首先由西方发达国家通过联合、合资、兼并、收购等方式，掀起了新闻媒体集团化的潮流。这股潮流从美国和中国新闻媒体集团化的状况可见一斑。这里我们不作全面论述，只举几个例子来了解集团化的概况。

在美国，甘乃特公司经营全美唯一全国性的报纸《今日美国》，92家报纸由该公司发行，拥有电视台18家。纽约时报集团经营日报18家，电台2家，电视台6家，还有多种期刊。美国在线一时代华纳公司拥有美国在线网站、网景公司、全球最大的华纳兄弟影视公司、24种杂志、华纳唱片公司及其他网络资源。迪斯尼公司拥有美国广播公司（ABC）的广播电视网，在美国国内就有10家电视台和21家广播电台，还有电影、电视节目和音像制品的制作机构，还有迪士尼公园和度假胜地。

在中国，首家报业集团是《广州日报》报业集团，成立于1996年。1998年先后成立了南方日报报业集团、羊城晚报报业集团、《光明日报》报业集团、经济日报报业集团和文汇新民联合报业集团。2022年以来，各级报纸加快渠道建设步伐，广泛连接用户，占领新兴传播阵地，扩大影响力版图，截至2023年全国已组建1330家报业集团。这个集团包括了中央电视台、中央人民广播电台、中国国际广播电台、中国电影公司等。这个集团的经营范围涉及广播、电视、电影、传输网络、互联网

---

① 冯华. 网络传播对新闻传媒的重要影响及发展[J]. 卫星电视与宽带多媒体, 2023(8): 103-105.

站、报纸、期刊、电影电视节目制作和销售、广告经营、科技开发等。

新闻媒体集团化的形式可归纳为：单一的新闻媒体集团化，如报业集团、广播集团、电视集团；横向综合集团，如集团是由报社、电台、电视台、新闻网站、通讯社等组成，或由其中的几种新闻媒体组成；纵向综合集团，如集团是由报社同报刊发行公司、广告公司、印刷公司等相关产业组成；混合集团，如新闻媒体和一些相关产业的组合。

### （二）新闻媒体由国内走向国际（全球化）

新闻媒体的国际化扩张，表现为人力、物力、资本等资源大规模跨国聚集和流动，也表现为新媒体精神产品的跨国聚集和流动，实行跨国经营，这里我们还是以美国为例来了解新闻媒体国际化的概况。

美国无疑是新闻传媒强国，处于世界霸主地位。它的国际化扩张已经渗透到世界主要国家和地区，新闻媒体集团的产品行销到世界各个角落，产生了巨大影响。例如，默克多新闻集团，总资产约500亿美元，在全球各大洲拥有9种不同类型的传播传媒，主要精力是发展全球电视产业，尤其是数字卫星电视。该集团拥有美国和全球数家有线电视网50%的股权，在世界几大洲都有它的股份，其中包括英国、日本、印度和中国等国家和地区。又如，迪斯尼公司，总资产600亿美元左右，拥有美国和全球的迪斯尼有线电视频道，在5家欧洲商业电视公司、德国少儿台和巴西一家电视公司都拥有20%~50%的股份。

美联社是全球最大的通讯社，每天用6种语言提供近百万字的新闻稿及图片，在全球有2万家媒体的订户，遍布世界115个国家和地区，全球15亿人接触到美联社新闻。《纽约时报》《华盛顿邮报》《华尔街日报》是全球最具影响力的三家报纸，是各政要、金融业人士必须关注的案头报。《时代》《新闻周刊》是全球发行量最大的两份新闻周刊。《时代》有60个版本，每期发行550万份（欧洲50万份、亚洲35万份、拉美10万份、加拿大35万份），《新闻周刊》在150个国家和地区发行325万份。更惊人的是《读者文摘》，每期以18种语言、47个版本发行1.3亿份。拥有世界覆盖面积最广的电视频道，例如，美国有线电视新闻网（CNN），在125个国家和地区落地，其发现频道（Discovery）在136个国家和地区播出，而美国广播公司（ABC），的娱乐和体育频道（ESPN）在全球有9700万个订户。

# 第二章 融媒体时代媒介文化的嬗变

## 第一节 媒介文化概述

媒介文化的勃兴已是不争的事实。电视、广播、报纸、网络、手机、数码摄像机等形形色色的媒介，充斥着我们的日常生活。

### 一、媒介文化的定义

媒介文化概念的提出是遵循一种文化分类原则，它强调文化的媒介呈现方式，而不是以往的分类原则，如文学、哲学、历史、宗教、艺术，等等。以往的有关研究中，研究者关注"作品"和"文本"，但很少涉及它们的媒介方式①。

媒介文化具有广泛推行社会价值规范与建构社会价值意识的社会功能，是现代社会总体文化系统中由大众媒介所建构的一个亚文化系统，但其发展趋势正在从边缘文化形态进入当代社会的主流文化体系。媒介文化就是指在文化大系统中以媒介为影响人的主要方式而构成的社会亚

---

① 张涛. 融媒时代新闻传播及其变革探析[M]. 北京:中国商务出版社,2019.

系统。它是人类社会的精神文明和科技手段达到一定阶段的产物。我们把当代媒介文化分为口传文化、印刷文化和电子文化三类，这三类媒介文化形态，沿着科学技术进步的时序先后进入人们的文化生活，成为文化生活新的方式和新的手段。

媒介文化的提出是秉承加拿大文学批判家、教育家马歇尔·麦克卢汉"媒介即讯息"的思想谱系而来，这里的文化不再是抽象的和观念的，而是与具体的、一定的符号媒介或物质形态相关联。关于文化，人们往往关注其发展中前后承传的一面，而忽略一种新的传播技术和媒介手段的兴起，会造成其断裂与转型的另一面。当一种社会交往或信息方式被另一种社会交往和信息方式替代时，整个文化也在逐渐转换，文化的蓬勃生命力正是从这些方面显示出来的。

媒介文化的影响力来自大众媒体，大众媒体对当代社会生活的全面参与，早已深深地渗透到社会的各个方面，对社会文化的构成产生了根本性的影响，并决定着当代人感知外部世界的方式。社会文化的两层含义：一是文化是符号系统，它有一个历史形成过程，因此它与传统相关联；二是文化也是人们对现实生活所作的反应，它既是人们对当下生活的阐释，同时也是一种创造性实践活动，在这一活动中，社会的新生力量在其中起比较关键的作用。从以上两个方面看，大众媒体是如此的深入其间，我们已无法在与大众媒体疏离的情况下对社会文化作出单独的考察，大众媒体虽然是指19世纪以来的现代新兴媒体，和人类的整个文明史难以相比，但是由于其规模的迅速扩展，几乎渗透到社会的每一个角落，由此产生的文化实践在构建当代社会文化方面产生了巨大的作用。如果说19世纪30年代现代媒体刚刚兴起时，人们只是把报纸作为一个了解社会的窗口，那么21世纪的今天，大众媒体就是人们踏入社会生活的全部渠道。

## 二、媒介文化的特点

### （一）全能性

美国哲学家席勒在《思想管理者》中提出："美国的媒介管理者创

造、筛选、精炼、主宰着我们的形象与资讯的流通，从而决定我们的信仰、态度—最后，还有我们的行为举止。"虽然这段话显示的是席勒对于美国媒介权力过于强大的一种担心，但它同时也从侧面揭示了媒介文化全能性存在的可能。媒介文化作为一种以技术为前提的出现与存在，其技术性能塑造了其身份的与众不同，即媒介文化具有天然的全能性。

首先，它不像任何一种文化形态那样能够边界较为清晰地归属某一文化区域，它具有大于人类自然力量的技术整合力，使其在文化的任一区域均可以兼跨。亦即文化系统所包含的三个区域的内容，都可以与之轻易结合，从而成为其文化构成。从文化区域的大小而言，它通常隐含以下三种意义：一是指人类在社会历史过程中所创造的一切物质财富和精神财富；二是指意识形态，以及与此相适应的典章制度、政治和社会组织以及思想、信仰、风俗、艺术等；三是指与政治、经济并列的一种形态，并由此又派生出一种更狭小的含义，即指认字与学习。从这个角度讲，文化系统所包含的三个区域均可以和媒介文化兼容，成为其文化构成。政治文化、经济文化、艺术文化更可以在媒介文化中觅其影踪。

其次，从文化思维方式角度讲，它不像任何一种文化形态，由一种相对稳定的文化思维方式来支撑，而是同样呈现出全能性的思维倾向。由于媒介文化中由技术分析带来的可确定性，不仅需要人们运用时间性思维、空间性思维，抽象思维、形象思维，经验性思维及创造性思维，尤其要借助于语言思维这一人类基本的文化思维方式。当媒介发展到高端时期，其文化思维中又显现出很强的对模糊思维的需求。因此，媒介文化预示着一种全能思维方式的出现。

最后，媒介文化不像相异文化形态那样具有相对稳定的某一种属性，将其界定为大众文化不仅过于单纯，也过于武断。无疑，属于现代文化的大众文化是随一系列大众传媒的崛起而登场的。大众文化研究分析的大众文化是一个特定范畴，它主要是指与当代大工业生产密切相关（因此往往必然地与当代资本主义密切相关），并且以工业方式大批量生产、复制消费性文化商品的文化形式。它意欲消解文化的阶级性、阶层性和垄断性，是一切现代文化形态均有的属性。即使是精英文化或高雅文化，也只有千方百计地搭乘大众文化快车，才有可能传播到位。大众文化并非与精英文化二元对立的存在，其具有包含一切文化形态的宏观气质。因此，在大众文化的疆域内，媒介文化不仅体现着大众文化的精神，也兼容并包着精英文化、世俗文化、高雅文化与娱乐文化的精髓，从而呈现出一种全能文化的形态①。

### （二）动态性及可易性

依托于媒介发展而演变的媒介文化，由于媒介变迁的动态性特征呈现出动态的存在过程。从媒介诞生的那天开始，技术就成为决定其出现与发展的主要动因，这一决定的直接后果就是随着技术的日益更新，媒介也在动态的过程中不断向前发展着。口头传播时期、书写传播时期、印刷传播时期，这些传播时期虽然在发展过程中都曾显示出不同程度上的在时间沿革上的稳定性，即它们各自都曾在人类历史上经历并延续了相当长的时间，但这丝毫无法掩盖媒介发展中近乎本质化的动态性特征。

以书写传播时期为例，虽然人们将约4000年的人类传播史全部称为书写传播时期，但事实上这4000年中承载书写内容的媒介也是在不断更新的，由木简到布帛，再到便于携带的纸张，这一动态性的特征贯穿这一传播时期的始终。最能体现动态性这一特征的就是网络传播时期，以电脑为技术前提和保障的网络传播，由兴起至今虽然仅仅经历了短暂的50年，但今日的网络传播与50年前的网络传播意义绝对是不同的，因为电脑的更新、变化是每天每时都在发生的。因此网络文化的今日与其昨日已不可同日而语。同时文化本身亦是一个动态性的发展过程。"人类文化总是处于创造与消解之中，一切貌似永恒的本质总是受到挑战"，就是对这一动态性的极佳注解。

在媒介文化发展的动态性的过程中，虽然在任何一个时期都依然存在多种媒介形式共存的局面，但是技术的优势会使某些媒介成为某一传播时期的主导媒介形式。比如，目前人们所处的网络传播时代，网络传

①鲍海波,赵亚强. 媒介文化研究应关注的若干问题[J]. 陕西师范大学学报(哲学社会科学版)2023,52(1):166-176.

播代替了印刷传播、电子传播成为这一传播时代的代言人，这一主导媒介形式的变化带来了人们对于新的主导媒介文化形式的预期与关注。因此在主导媒介形式的更迭过程中，必然产生主导媒介文化形式的更迭，通常这一主导媒介文化形式都具有极强的前卫性和先锋性，随着旧有的主导媒介文化其前卫性及先锋性的弱化，新的传播媒介文化必将以更前卫、更先锋的形式出现并发展。

### （三）复杂的多面性

在媒介文化的世界里，各文化构成不再以单一的面貌出现，而是表现出复杂的多面性特征。我们利用文化学的概念"群"来解释媒介文化和多面性。"群"是文化学中的一个基本概念，通常人们认为文化的生成与存在是以群的内部关系为前提的。同时，"群"又是人类的社会化生存系统，在一定范围的"群"中，人们会在调适文化观念、价值取向的过程中结成形态相对稳定的同文化群落，诸如政治群落、经济群落、文化群落、宗教群落，等等。如果将社会作为人类生存所共有的公共空间，那么任何一个同文化群落都是在"抢占公共空间份额的过程中建立自身的话语权力和话语方式的"。

从这个角度出发，可以看出在现代社会中，媒介已成为各个"同文化群落"走向公共领域、抢占公共话语空间的基本营垒，因此媒介的文化身份无疑具有了复杂的多面性。这表明媒介文化身份已从"实物决定论"走向"关系决定论"，亦即媒介文化身份不再是一个单纯的现象性存在所能影响和决定的，而是由整个社会系统的内部活动和外部活动以及各要素之间的关系决定的。

对于存在于现代社会生活庞大系统中的媒介文化，各个同文化群落都想让它向有利于自己的方向发生变动或转移。例如：政治群落想让它成为发布政令、解释政策的"喉舌"；经济群落希望它成为塑造企业形象、促销企业产品的"市场"；文化群落则希望它兼具塑造人类精神品格、完善人类思想道德的崇高使命。因此，在现代社会系统中，媒介文化身份会由整合力最强的群落来决定，但同时也会受到其他群落的干预，以合力的方式变化和发展。

### 三、媒介文化的发展规律

#### （一）伴随着媒介的加速发展，媒介文化亦呈加速发展

人类的传播革命一直呈加速的状态向前发展着：从动物传播进化到人类的语言传播，这一过程经过了 200 万年的时间；从语言传播进入到书写传播这一过程用了 9.5 万年；从书写传播跨入印刷传播大约用了 4000 年；而从印刷传播迈进电讯传播只用了 1200 年；从电讯传播进入互动传播的时间更短，只有 102 年。互动传播发展至今只经历了 50 年，但在这技术取胜的 50 年中，作为互动传播的基础的电脑更新速度初期为每四年更新一代，接着每一年更新一代，而在 1995 年这一年中却换了两代。媒介发展的时间间隔明显呈现非匀速而是加速向前的趋势，这成为新兴媒介以加速度介入热门历史事件传播的基础与前提。

以大众传播媒介勃兴后的历史事件为例，1941 年珍珠港事件，无线电广播是大众了解事态的主要媒介；1969 年阿波罗宇宙飞船登月，电视成为人们了解事件进展的主要媒介；1991 年海湾战争，卫星和有线电视成为这一新闻事件的主角；1997 年美国"探路者"宇宙飞船在火星成功登陆，互联网成为此时最主要的传播媒介。媒介介入并参与历史事件是媒介文化产生及发展的前提，其本身也是媒介文化发展的一个重要标志。在上一个例子中，同为报道战争，50 年后的主要媒介与 50 年前的差距就很大；同为报道宇宙飞船登陆外太空，30 年间主要媒介的变化更大。在这四个历史事件先后发生的 50 余年间，主导媒介形式的变化依然呈现加速向前的势头。媒介的变化自然引起人们对于新闻事件关注及参与的形式的不同，自然由此所衍生的媒介文化的形式也有所不同。

#### （二）在叠加还是替代的媒介文化发展规律的争论中，整合替代的媒介文化生态发展规律日益明显

关于发展中的各种媒介之间的关系，传统的媒介发展观认为传播符号、传播媒介和传播科技的发展始终呈叠加型状态。即人类在旧的传播

革命中所使用的传播手段不会因为新的媒介革命的爆发而被抛弃，也就是说传统的媒介不会因为新的媒介的出现而消亡，而是以新的方式与新媒介并行发展。它们的生存和发展并不遵循物竞天择、适者生存的自然法则，而更符合共生共存、同演同进的原理。因为书写传播的出现并未导致语言传播的消亡，印刷传播在以广播、电视为表征的电讯传播的勃兴之后依然保持强劲的发展势头，与后者形成鼎足之势。与叠加发展观相对的观点认为媒介的发展是替代式的，即在新媒介产生及取得一定的发展之后，传统媒介即会消亡。因为与旧媒介相比新媒介代表了质的革新。

在人类传播史上，当便捷、低成本的新型纸媒介产生之后，传统的"笨媒体"由于其成本高昂、不利于广泛传播即被替代了。如果说媒介叠加发展观体现的是对传播史的描述与总结，那么媒介的替代发展观表现的更多的则是其预言性质。因为目前迅猛发展的网络媒体虽然不具有太长的发展历史，但其狂飙突进的气质大有在不远的未来一统媒介天下的趋势，这种替代的基础即为现今的网络媒体，与传统媒介相比，体现了质的革新。事实上，与自然环境一样，媒介世界中亦存在媒介生态，各种媒介的共存及发展亦要遵循生态法则，即在物竞天择、适者生存的法则指导下，各媒介之间呈整合—替代发展趋势。

# 第二节　媒介文化的功能及形成机制

媒介文化是指通过各种媒介手段传播的文化形式和内容，包括电视、电影、互联网、广告等。在当代社会，媒介文化对于我们的生活和社会影响巨大。它不仅改变了我们获取信息和娱乐消遣的方式，还对我们的价值观、思维方式和社交行为产生了深远的影响。

## 一、媒介文化的功能

### （一）媒介文化的历史发展功能

媒介文化的历史可以追溯到人类社会开始使用文字和图画进行交流

的时代。随着科技的不断进步,从印刷术到广播电视,再到互联网和社交媒体的出现,媒介文化的形态和传播方式也不断发展和变化。这种发展带来了信息传播的快速和广泛,加速了跨文化交流和全球化的进程。

媒介文化的发展也给我们带来了便利,例如我们可以通过电视节目观看到世界其他地方的风景和文化。同时,也面临着一些问题和挑战,如信息过载、虚假信息的传播和隐私泄露等。在信息时代,我们需要对媒介文化保持审慎和批判的态度。

### (二)媒介文化的信息传递功能

媒介文化作为信息传递的重要手段,具备传播速度快、范围广、效果明显等特点。通过媒介文化,人们可以获取包括新闻、科技、文化艺术等各个领域的信息。例如,我们可以通过电视新闻了解国内外的时事动态,通过互联网搜索获得所需的知识,通过社交媒体与他人分享观点和看法。

同时,媒介文化也在信息传递中发挥着塑造和引导的作用。在新闻报道和电视剧集中,对现实事件和社会问题的解读和呈现,不仅影响着公众对事件的认知,还引发了讨论和思考。媒介文化的信息传递功能不仅丰富了我们的知识和见识,也帮助我们理解和思考复杂的社会问题。

### (三)媒介文化的意识形态塑造功能

媒介文化的意识形态塑造功能是指通过各种媒介形式传播特定的价值观、信仰和思想理念,对个体和社会的思维方式和行为模式产生影响。媒介文化作为信息的传递工具,其背后往往有一定的主导和控制力量。例如,一些电视节目和电影可以通过剧情、角色设置等手段传达出特定的道德观念和价值观,影响着观众的认知和行为。

媒介文化的意识形态塑造功能既能产生正面影响,也可能引发争议。当媒介文化传递的信息与个体的观念相符合时,会加强其现有的思维方式和行为方式。然而,当媒介文化传达的意识形态与个体存在差异时,可能会引发认同和反对的声音。这就需要个体保持批判性思维,对媒介文化传达的信息进行理性思考和分析。

### （四）媒介文化的娱乐消遣功能

媒介文化在娱乐消遣方面起到了重要的作用。通过电影、电视剧、音乐等媒介形式，人们可以舒缓压力，获得快乐和享受。例如，一部优秀的电影能够带给观众悲喜交加的情感体验，一首动听的歌曲能够引发情感共鸣，一本好书能够带来思想的启发和心灵的愉悦。

媒介文化的娱乐消遣功能对个体的精神生活和情感需求有着积极的影响。它能够为人们提供多样化的娱乐选择，满足个体的审美和情感需求。同时，媒介文化的娱乐消遣功能也需要个体保持适度和平衡，避免沉迷和过度消费。

### （五）媒介文化的社交互动功能

媒介文化还具备社交互动的功能。通过社交媒体平台如微博、微信、Facebook等，人们可以与朋友和家人进行实时的互动和交流。媒介文化提供了不同空间和时间的交流平台，缩小了地域和距离的限制，促进了人与人之间的联系和沟通。

媒介文化的社交互动功能也给我们带来了一些问题和挑战。在线社交和虚拟互动与现实生活的联系存在差距，可能导致人际关系的淡化和人与人之间的疏离感。此外，媒介文化的社交互动也面临信息真实性和隐私保护等方面的问题，需要个体保持警惕和加强自我保护意识。

媒介文化在当代社会中扮演着重要的角色，它不仅满足了个体的信息需求和娱乐消遣，还对个体的思维方式、价值观和社交行为产生着深远的影响。媒介文化的发展和应用给我们带来了机遇和挑战，我们需要保持审慎和批判的态度，对媒介文化保持理性思考和适度使用。只有在适应和引导媒介文化的同时，我们才能更好地利用它的优势，并避免其潜在的负面影响。

## 二、媒介文化的形成机制

媒介文化在当代社会扮演着至关重要的角色。随着科技的发展和信息的快速传播，我们现在生活在一个高度媒介化的时代。媒介文化的影响力无处不在，并在塑造我们的价值观、观念和行为方面发挥着巨大的作用。然而，了解媒介文化的形成机制对我们理解和应对这种影响至关重要。

### （一）媒介文化机制形成的条件

媒介文化的形成机制是一个多层面的过程，涉及技术、商业、社会和个人等方面的因素。

首先，技术的发展是媒介文化形成的基础。从印刷术到互联网和社交媒体的出现，技术的进步不仅改变了媒体的形态，也改变了我们与媒体互动的方式。技术的不断演进为媒介文化提供了更多的可能性和渠道[①]。

其次，商业化是媒介文化形成的重要推动力。媒体产业是一个庞大而复杂的系统，涉及广告、娱乐、新闻等领域。商业机构通过投资、创造内容和广告营销等方式影响着媒介文化的发展。盈利需求导致媒体内容的选择和制作方式受到商业因素的影响，从而塑造了我们所接触到的媒介文化。

再次，社会因素也对媒介文化的形成产生深远的影响。社会价值观、群体行为和文化传统等都会对媒介文化产生影响，并在一定程度上塑造媒介内容的设定和表现形式。特定的社会背景和文化环境会导致媒介文化呈现出多样性和差异性。

最后，个人的需求和互动方式也构成了媒介文化的形成机制的一部分。每个人在选择和接触媒体时都有自己的喜好、偏好和需求。这些个体行为相互作用并相互影响，形成了一个庞大而复杂的媒介生态系统。

### （二）常见的媒介文化机制

媒介文化的形成机制是指媒体在社会中产生和传播文化的过程和方式。以下是几种常见的媒介文化形成机制：

1.选择性曝光：个体在媒体环境中对信息的选择和接触是有限的，因此他们倾向于选择符合自己兴趣和态度的媒体内容。这种选择性曝光导致媒体对个体的影响具有一定的选择性。

2.互动交流：媒体不再是单向的传播工具，而是变得更加互动和参与式。互动媒体，如社交媒体平台，允许用户发表意见、分享观点和与

---

① 孙潇雨，蔺建旭. 媒介文化视野下的新媒体与电影批评发展[J]. 传播力研究,2023,7(6):22-24.

其他用户进行交流。这种互动交流的机制加强了媒体的影响力，并促进了文化的形成和发展。

3.社会化过程：媒体在社会中的使用和传播是一种社会化过程。个体通过与他人的交流和互动，共同参与媒体文化的形成。这包括家庭、朋友、学校、工作场所等社会环境中的影响。社会化过程促使个体接受、传播和改变媒体文化。

4.媒体产业的运作：媒体产业的经济和商业机制对媒介文化的形成也起着重要作用。在商业化的媒体环境中，媒体机构通过制作和传播特定类型的内容来满足观众和广告主的需求，从而影响和塑造了媒介文化。

5.科技创新：科技的进步和创新带来了新的媒介形式和方式，如互联网、移动通信技术等。这些新技术媒介改变了媒体传播的方式，推动了媒介文化的形成。例如，社交媒体的兴起使人们能够更加便捷地获取和分享信息，从而影响和塑造了媒介文化。

综上所述，媒介文化的形成机制涉及个体的选择性曝光、互动交流、社会化过程、媒体产业的运作以及科技创新等多个方面。这些机制相互作用并共同影响着媒介文化的生成和传播。

# 第三节　新时代媒介文化的创新之路

## 一、媒介文化的现状及问题分析

媒介文化的现状及问题是一个复杂而广泛的研究领域，涉及媒体的发展趋势、传播方式、文化产品的生产与消费，以及与社会、政治、经济等领域的相互关系。以下是对媒介文化现状及问题的一些研究分析。

首先，媒介文化的商业化和市场化倾向日益明显。媒体机构往往受到商业利益的驱动，过度追求收益最大化，导致娱乐化、低俗化的内容占据主流地位。这种商业化的趋势使得优质的文化产品和少数民族文化等弱势文化受到边缘化,影响了文化的多样性和质量。

其次,媒介文化的时效性和碎片化现象加剧。随着互联网和社交媒体的兴起,信息传递速度极快,人们的注意力更容易被各种信息刺激所分散,使得文化产品和内容更注重即时性和瞬时效果。这种碎片化的特点往往导致人们表面性地接触和理解文化,削弱了对文化内涵的深入挖掘和理解。

再次,媒介文化中存在信息不对称和认知偏差的问题。由于信息传播的不平衡,一些主流意识形态和声音更容易占据主导地位,而其他声音可能被忽略或被主流化改变。这种信息不对称加剧了社会的偏见和误解,加深了群体间的分化和对立。

从此,媒介文化的互动性和参与度有限。虽然互联网技术提供了更多的参与平台和渠道,但实际上,由于信息过载和缺乏信息素养,大多数人只是被动接收媒介文化内容,参与度不高。这种参与度的不足限制了个体和社会对媒介文化的影响力和掌控能力。

最后,媒介文化还存在着消费主义导向、信息过滤和筛选、媒体道德和伦理问题、文化冲突和文化侵蚀等问题。为了应对这些问题,需要加强媒介教育和提升媒介素养,培养观众对媒介内容的批判性思维和理解能力。同时,媒体机构应该承担起社会责任,提供多样性、高质量的内容,并遵守道德和伦理准则。政府部门也应加强对媒介市场的监管,保护公众利益,促进文化多样性的发展。最重要的是,每个人都应承担起个人责任,积极选择和推广有益的媒介文化内容,以及积极参与媒介文化的创造和传播。

## 二、媒介文化改革创新的必要性

媒介文化改革创新的必要性在当今社会日益凸显。随着科技的飞速发展和社交媒体的普及,传统媒体被冲击和改变的力量越来越强,媒介文化改革创新变得不可或缺。

第一,媒介文化改革创新对于推动社会进步和变革至关重要。通过创新性地采用新技术和新媒体平台,可以更广泛地传播信息和意见,增强社会对多元化观点的接受能力。这有助于打破传统媒体的束缚,提供更多元、多样的信息来源，促进民主和多元的公共讨论。

第二，媒介文化改革创新能够满足不断变化的受众需求。随着信息时代的到来，受众对媒体内容和形式的要求正在发生巨大变化。传统的一对多的传播模式已经无法满足个性化和定制化的需求。媒介文化改革创新就能够借助新兴技术和平台，提供更加个性化、交互式和参与性强的内容，更好地满足受众的多元需求。

第三，媒介文化改革创新促进了经济增长和创新。传媒产业在全球范围内都扮演着重要的角色。通过改革创新，可以推动传媒行业的发展和转型，创造更多的就业机会，并促进经济的繁荣。同时，媒介创新也可以催生出新的商业模式和机会，激发创新创业精神，推动相关领域的科技进步[①]。

综上所述，媒介文化改革创新是必要的。它不仅推动社会进步和变革，满足受众多元化的需求，还促进经济发展和创新。政府、企业和社会各界应共同努力，为媒介文化的改革创新提供支持，以推动社会的积极发展。

### 三、媒介文化的创新策略

新时代媒介文化的创新之路可以从以下几个方面来思考和探索：

1.多元化的内容创作：随着新媒体的兴起，传统媒介已经不再是主要的信息来源。创新媒体应该积极开发多元化的内容形式，包括图文、视频、音频、动画等，以满足不同受众的需求。在内容创作上，注重原创性、真实性和及时性，同时也可以引入用户生成内容，增加互动和参与度。个性化推荐和服务：新媒体应该利用大数据和人工智能等技术手段，对用户的兴趣、需求进行分析和挖掘，提供个性化的推荐和服务。通过了解用户的喜好和行为，可以准确判断用户的需求，为其提供定制化的内容和服务，提高用户体验和满意度。

2.跨界融合与创意整合：新时代媒介文化的创新需要跨越不同领域和行业的界限，实现融合创新。媒介可以与科技、艺术、设计、社会科

---

①付茜茜.技术文化视域：智能媒介文化生产、消费文化生成及辩证省思[J].理论月刊，2023(5)：105-115.

学等领域相互融合，产生新的创意和表达方式。例如：结合虚拟现实技术和艺术创作，可以打造沉浸式的媒体体验；利用区块链技术，可以构建去中心化的内容分发和版权保护机制。

3.用户参与与互动：新媒体应该积极引导用户参与和互动，通过社交媒体、评论区、直播互动等方式与用户进行沟通和互动。通过用户的反馈和意见，可以改进内容质量和服务体验，同时也可以增加用户黏性和忠诚度。

4.推动社会公益和正能量：新时代媒介文化的创新应该注重社会责任和价值观的引导。媒体可以发挥积极的引导作用，传播正能量和社会公益信息，推动社会的进步和发展。

5.探索新的表达方式：创新的媒介文化需要开拓和探索新的表达方式，例如虚拟现实、增强现实、智能设备、人机交互等。这些新技术可以为媒介文化带来全新的体验和可能性，让受众与内容更加互动和沉浸，从而提升媒介创作的表现力和影响力。

6.建立多元化的媒介平台：除了内容创作的多元化，创新媒介文化还需要建立多元化的媒介平台。不同媒介平台可以相互配合和协同，构建一个多层次、多样化的内容传播体系。这样可以扩大覆盖面，满足不同受众群体的需求，同时也提供更多的机会和空间供创作者发挥创意。

7.引入新的商业模式和合作方式：新时代媒介文化的创新要进行商业模式的革新。传统的广告模式可能不再有效，可以尝试推出个性化定制、会员制度、跨界合作等新的商业模式。同时，开展合作共赢的方式，与其他行业进行合作，共同创造媒介文化的新价值。

8.加强技术保障和信息安全：创新的媒介文化需要注重技术保障和信息安全。尤其是在数据搜集、存储、传输、使用等环节，应加强隐私保护和信息安全的措施，保障用户和内容创作者的权益，建立可信赖的媒介生态环境。

9.引导社会思潮和文化价值观：创新的媒介文化应积极引导社会思潮和塑造积极向上的文化价值观。通过传播优秀艺术作品、正能量内容和积极的社会现象，推动社会积极向上的发展。

　　综合以上几个方面，新时代媒介文化的创新之路需要不断迭代和革新，与社会、技术、商业等方面相互融合。只有不断跟上时代的变化，满足受众多样化的需求，才能不断推动媒介文化的进步和发展。

# 第三章　融媒体时代传媒新闻生产方式的转型

## 第一节　融合新闻的理念与实践

### 一、融合新闻概念

#### (一)融合新闻定义及特征

关于融合新闻,一般有广义和狭义两种理解。从广义讲,融合新闻指由于数字技术发展,媒介之间彼此的界限逐步消解,新闻传播业务走向融合的状态;从狭义上看,融合新闻就是指在媒介融合背景下新产生的一类新闻报道方式。笔者所研究的是狭义上的融合新闻。

融合新闻在媒介融合的背景下应运而生。由于各地媒介融合的背景和情况都不相同,笔者结合相关文献,归纳总结出狭义上融合新闻的定义。融合新闻又称"多样化新闻",是采用非线性的编排结构,将新闻以文本、图片、视频、音频、图表、数据、动画、游戏和互动等多媒体素材融为一体并利用多媒体手段进行传播的报道形式。各种媒介内容相互补充却不重复,并将用户的反馈嵌合其中,构成一个完整的报道系统，赋予了新闻更加丰富的表现形式，使用户在获得丰富信息的同时，也具有极佳的视觉效果。

它具有以下几个典型特征：第一，融合新闻包含多种媒介传播符号；第二，采用非线性叙事方式，全方位展现；第三，以大数据为支撑，采用超链接的方式延伸新闻的叙事结构；第四，更加重视互动性，提升受众的参与感。这四点也集中反映了新闻生产为适应媒介融合和媒介生态的变化作出的变革和调整，提供了一个开放共享的新闻空间①。

### （二）与多媒体新闻的区别

鉴于融合新闻也具有多种媒介符号这一特点，很多人将"多媒体新闻"与之混为一谈。笔者将二者的异同以表3-1的形式呈现如下：

表3-1　融合新闻与多媒体新闻异同对比表

| 类别 | | 融合新闻 | 多媒体新闻 |
|---|---|---|---|
| 同 | 产生基础 | 伴随互联网技术产生,以大数据为支撑 | |
| | 构成要素 | 具有图片、文本、动画、音频、视频、超链接等多种媒介元素 | |
| 异 | 组合方式 | 互相补充,融为一体 | 彼此独立,简单重复 |
| | 叙事结构 | 立体内容组合编排的非线性结构 | 微内容组合的线性结构 |
| | 互动方式 | 游戏、留言板等设于报道内容之中的强互动形式为主 | 留言板等设于报道内容之外的弱互动形式为主 |
| | 原创性 | 原创编排 | 多为互相转载,少有原创 |
| | 背景信息及延伸 | 各种元素增加背景信息,延伸报道的深度与广度 | 少量元素增加背景信息,局限于报道本身 |

通过将融合新闻与多媒体新闻进行对比，我们可以清晰地看到二者的差异。构成融合新闻的多媒体素材以清晰的主题为轴，各元素相互补充、化零为整，以非线性的立体结构延伸了报道的广度和深度，并采用多种互动方式提升用户的参与感。可见，融合新闻包含于多媒体新闻之中，是多媒体新闻走向成熟和逐步完善的一种报道形式。

①肖灿.融媒时代的新闻传播途径研究[M].长春:吉林人民出版社,2019.

## 二、融合新闻产生的现实基础

### (一)新闻环境：全媒体时代的到来

"全媒体"这一概念来自于传媒业界的具体应用领域，最早由我国传媒业界提出并加以实践，是媒介融合的中国化概念，"鲜明的实践性"是它区别于媒介融合理论的关键之处。全媒体的核心在于"全"中有"聚"，它所强调的不是拥有所有节点，而是可以增加无限多节点，指的是观念上的融合和实践中的整合，目的是实现新闻生产实践中人、财、物、讯的科学协调和整体优化。如果将媒介融合理解为以网络数字技术为基础进行的媒介内容、传播渠道、接收终端的动态融合过程，那么全媒体就是融合后的物质实体。

"全媒体"在英文中为"omnimedia"，是前缀 omni 和单词 media 的合成词。理解全媒体这个概念，关键在于"全"到底是什么含义。通过百度搜索，找出以下三条具有代表性的关于全媒体概念应用的新闻报道：《移动中的全媒体—中国移动的媒体战略布局解析》（人民网），这里的全媒体是指中国移动开展的手机报、手机游戏、手机电视等多种媒介形式的增值服务。《央广广播电视网络台获批—全媒体战略加速推进》（红网）这是继中国网络电视台 CNTV 之后，又一个获准建立的中央级网络广播电视台，意味着广播台开始涉足电视台的业务。《家庭期刊集团日前推出全媒体杂志<赢未来>》（凤凰网），这是平面媒体借助互联网、通讯平台，实现了印刷杂志、手机杂志、电子杂志等立体协同发展。由此可见，全媒体概念的背景是媒介融合，也就是说之前的各种媒体要融合成一种大而全的统一媒体形式。多媒体的传播手段、业务融合的媒介形态、三网融合的传播方式以及多屏的接收方式让我们目睹了全媒体景观的全貌。我们现在所身处的全媒体时代，不仅使我们能够轻易地完成时空的穿梭和转换，而且多屏合一接收信息的生活方式也让我们充分感受到了媒介融合带来的改变。

### (二)新闻驱动：技术进步

近年来，传播形态聚合深受数字网络科技发展的影响，技术的发展加速了我们走向全媒体时代的进程，逐步改变了媒介的形态、丰富了传播的内容、扩宽了传播的路径，也使得传播效果越来越优化。

秒拍App拍摄30秒左右的短视频进行新闻实时发布，利用智能手机和蓝牙遥控器控制的"自拍神器"，HTML5技术创造出来的"卡通记者"等新媒体技术都使新闻报道方式更加快捷、可视性更强。大数据、云传播的应用成为融合新闻生产的支撑，加速了新闻生产模式的变革。社交媒体更是为受众参与到新闻生产中提供了便利的途径。

新媒体技术的集合推动了新闻生产模式的转变，正如日本学者水越伸在著作《数字媒介社会》中提到传播技术的"模式融合"，这一融合最终会成为数字信息技术的特征优势，媒介机械、操作界面以及所提供的服务等多个层次都会从技术层面的模式融合扩展开来，其带来的结果是信息能以更高的速度、更低的成本实现加工、存储和传输。"技术为先"是适应不断变化着的媒介生态环境的必要条件。

从融合新闻编辑的角度而言，技术平台上的动态信息库将原本相互独立的新闻采、编、评、播融为一体，通过超链接的微内容组合形式，丰富了受众对背景信息的了解，带来了内容形态的多样性和立体化，无限放大了用户的人文视野和知识面，完成了信息的共享和共传。

### （三）新闻终端：受众需求

全媒体时代中，融合新闻的发展动力既来源于新媒体技术的不断发展和媒介融合进程的加快，也来自受众对全方位、立体化、多层次新闻信息的需求。在双向信息交换频率越来越高的全媒体时代，受众成为推动新闻生产模式转变中不可缺少的一环。

美国计算机科学家尼葛洛庞帝在《数字化生存》中做过"数字化世界中的前途只能百分之百看它们的产品或服务能不能转化为数字形式"这样的论断。因他的这一论断同样适用于当前的新闻界，现在越来越多的人通过屏幕来接收新闻信息，数字形式的新闻资讯成为受众的生活必需品，不论是手机屏、平板屏等前倾型媒介，还是PC屏、IPTV屏等后仰型媒介，都更加注重受众的体验，力求使受众获得新闻信息的同时，也有极佳的阅读体验。

融合新闻编辑部通过信息的整合，将不同类型的产品根据媒介的特点进行包装，供受众选择，同时实现内容决定形式的优化传播。因此能够全方位、多角度、立体化展现新闻讯息的融合新闻受到越来越多受众的青睐。如今，新闻不再局限于一个新近事实的报道，它的背后是受众所关注的社会热点，这一热点需要庞大的数据库和云传播的支撑，传统媒介所提供的文字、图片、音频、视频等相对独立的内容形态已经无法满足受众的需求，媒介之间逐渐模糊的边界和受众接收信息自主性的增强与融合新闻的特点相契合。

# 第二节　传媒新闻生产方式转型的主要特征

随着科学技术突飞猛进的发展，进入 21 世纪以来，整个世界范围内的社会变革发生巨大变化的同时，媒介形态也产生了重大的改变。媒体融合成为当代传媒业发展的重要趋势，给传统媒体的生存发展带来巨大挑战的同时也带来了新的发展机遇。在融媒体时代背景下，传统媒体要如何在深层次的理念和机制等方面与新媒体产生融合，以及在融合背景下新闻生产会发生怎样的变革，是新闻传播学界迫切需要研究和探讨的课题。基于此，笔者通过分析媒体融合背景下新闻生产所面临的冲击和挑战，结合新闻生产的特点，探索融媒体时代新闻生产方式的变革与创新策略，就显得极为重要且必要。

## 一、新闻生产方式

新闻生产是指新近发生的一些事件经过加工而形成新闻产品的过程，新闻生产方式则是实现新闻产品生成过程所采用的具体办法。在我国新闻学界，对于新闻生产方式的研究起步较晚，研究成果并不太多。本文在研讨近年来学术界出现的一些代表性的论述和观点的基础上，得出以下结论。国内学界关于新闻生产方式的研究关注点主要集中在以下几个方面：

媒体融合背景下对新闻生产模式变革与创新的研究、在技术层面上关于新闻生产方式变革的探讨、众筹新闻生产模式的分析与探究，以及社会学视野下新闻生产方式的深度分析等。代表性论述有：石长顺、肖叶飞等发表的《媒介融合语境下新闻生产模式的创新》，文章从新闻编辑流程、新闻生产流程、新闻生产模式等三个方面入手探讨了媒介融合语境下新闻生产模式的创新；岳娟在其发表的《从众筹方式的介入看新媒体环境下的新闻生产变革》一文中深入探讨了众筹新闻生产模式在我国新闻领域发展的限制及其对我国传统新闻生产观念与生产方式变革等所产生的一些积极影响，从而为传统媒体的发展提供了新参考、新思路；等等。

所谓新闻，是指社会、政治、经济和行业实践等共同作用的产物，新闻生产不仅会受到媒介生态和社会环境的影响，同时又反作用于媒介和社会。随着媒介融合发展的日益深化，人工智能技术深入媒介环境并与其相结合而形成的技术环境，打破了传统的新闻生产链条并对其产生了深层次的渗透作用，从根本上改变了新闻生产的理念、流程和关系。书中所涉及关于"新闻生产"的概念，主要是指新闻生产从组织机构到生产主体以及传播渠道、内容呈现等一系列过程中所运用的方式方法，包括新闻信息的采集、鉴别、加工、编辑、传播等。笔者关于"新闻生产变革"的概念主要是指融媒体时代的新闻生产与传统媒体时代的新闻生产相对比，所呈现出的多方位、多角度的行业变化。

## 二、媒体融合给传统新闻生产方式带来的冲击和挑战

媒体融合是一个不断发展上升的过程，一直以来，报纸、广播、电视等传统媒体深受广大受众的依赖，拥有着极强的公信力。但随着信息时代的到来，新媒体在信息接收、传播以及与受众的互动上所具有的强大优势给传统媒体带来了巨大的冲击和挑战。尤其是互联网技术的发展，不仅极大地拓宽了媒体融合的广度，还进一步推进了媒介之间相互融合的深度，这不仅重新塑造了媒体的产业生态链，也重新塑造了新闻生产和传播的方式方法。

**（一）改变了传统新闻媒体的传播渠道**

融媒体时代，移动互联网技术的迅速发展使新闻传播渠道由之前单一的媒介发布转变为集PC端、手机移动终端和社交平台等多种发布渠道为一体的多元化形式，尤其是随着5G时代的来临，智能手机的普及以及手机应用软件体验的不断升级和完善，使得新闻生产者与新闻传播的渠道发生了分离，网络PC端的专业新闻网站开始盛行，各种手机新闻App更是呈现出裂变式的增长，微博、微信和短视频平台日渐成为人们接收与发布新闻信息最广泛的传播渠道。新闻信息得以在跨媒体之间迅速而广泛地传播，这就完全粉碎了过去传统媒体对新闻信息传播渠道的控制壁垒，也意味着传统媒体已完全失去了对新闻产品发布和新闻传播渠道的绝对控制权[①]。为应对新媒体的冲击，传统媒体不得不顺应时代的发展选择适应媒体市场的要求，融入媒体融合发展的大潮之中。于是一些报纸、广播电视集团等纷纷成立了融媒体中心，迅速建立起全媒体、融媒体传播模式，同时也对新闻生产的过程进行了全方位、结构性的系统整合和优化。

**（二）改变了传统新闻媒体内容的呈现方式**

在媒体融合时代，媒介生态环境发生了巨大的变化，不仅改变了人们的生活方式和思维习惯，还对传统媒体在新闻内容的呈现方式上产生了巨大的冲击力。过去传统的新闻信息几乎都采用文字加图片的单一形式为观众呈现信息内容，媒体融合理念下的新闻产品其呈现方式却是多种多样的，除运用解释说明性的文字和图片外，还可以融合动图、动画甚至短视频等形式，大大增强了新闻产品的生动性和可视化，不仅增强了对受众的吸引力，也满足了受众对新闻产品个性化、多样化需求的要求，取得了极好的新闻传播效果。

**（三）改变了受众获取新闻信息的习惯**

毫不夸张地说，媒介的一切生产活动都是围绕着受众的消费需求而展开。过去，受众一般都是通过阅读报纸、收听广播、观看电视等传统

---

①王钰燕. 媒体融合发展路径探析[J]. 采写编，2023（6）：21-23.

方式单向获取新闻信息。媒体融合时代，PC、移动终端以及一些专业手机新闻客户端都可以为人们提供获取新闻信息的便捷通道，受众可以自由选择自己喜好的方式来获取新闻信息。对大部分的受众来说，需求满足预期的可能性愈大、省时省力程度愈高，他们首选哪种传播渠道获取新闻信息的可能性也就愈大。由此可见，媒体融合已在不知不觉间改变了受众获取新闻信息的习惯。

### 三、传媒新闻生产方式转型的特征

从近几年媒体新闻信息传播的实践来看，媒体融合在技术、渠道、载体和平台等几方面均体现出传统媒体所无法比拟的优势，在此背景下，传媒新闻生产方式转型也必然会呈现出一些崭新的特点。

### （一）新闻报道的形式更加多样

在融媒体时代，新闻报道以互联网为技术支撑，以海量信息为内容基础，构建起了传统媒体与新媒体相融合的综合性信息生产和发布平台，使新闻报道在一定程度上达到了1+1＞2的传播效果。与此同时，新媒体技术、虚拟技术、直播技术等在新闻生产和传播中的广泛运用，促使新闻报道呈现出更加丰富和更为多样化的报道形式。

### （二）新闻选题的范围更为广阔

在融媒体时代背景下，新闻节目的受众不再只是单一方面的新闻信息接收者，而随时可以摇身一变转为新闻信息的发布者或传播者。这种双向的身份转变和信息传递，一方面极大地拓宽了新闻信息获取的渠道，另一方面也使新闻从业人员能更加实时地获取新闻线索，从而为新闻报道在选题范围上创造更为广阔的空间。

### （三）新闻传播的速度更加快捷

在融媒体时代，新兴媒体的发展可谓突飞猛进，这一方面促进了新闻生产能力提升，另一方面也加快了新闻信息传播的速度。新媒体技术的简单快捷使新闻信息可以实现实时传播，缩减了时空距离，提升了新闻传播的时效性。

## （四）受众对新闻信息交互性的要求更加凸显

在传统媒体时代的新闻生产中，受众与新闻发布者之间实时的互动和交流几乎是难以实现的，即使有所互动，其所采用的模式也十分陈旧，方法也更为单一。但在融媒体背景下，借助互联网、移动终端和社交平台等，受众与新闻发布者之间可以完全实现实时的互动和交流，这就促使受众对新闻信息的实时性与交互性要求更加凸显，也对新闻行业主动迎合受众需求方面提出了更高的要求。

# 第三节　传媒融合新闻生产的创新路径

新闻生产是将新闻事件加工成新闻产品的过程，新闻生产方式即新闻生产过程中实际采用的方法。随着新媒体的快速发展，其覆盖范围也日益广泛，传统媒体已经难以满足民众对新闻的需求，媒体融合成为行业发展的主流方向。在这种情形下，变革新闻生产方式势在必行。所以，新闻工作者必须重视融媒体的优势，注意把握融媒体的特征，利用融媒体的优势资源，构建一套更为完善的新闻生产机制，从而提升新闻生产的质量与效率。

## 一、融媒体背景下新闻生产现状

### （一）内容同质化

融媒体背景下，当新闻事件发生之后，大量媒体会蜂拥而至，对事件进行报道。由于竞争过于激烈，再加上时间仓促，很多媒体在报道时并未进行创新，而是按照传统方式，简单地对事件信息进行编辑后便通过媒体发布，导致新闻内容同质化的现象越来越突出。此外，部分新闻工作者在编辑撰写新闻稿件时，只注重完成报道任务，没有深入地剖析事件，也没有结合事件本身提出不同的看法，导致报道的内容过于雷同，可读性明显不足，难以在受众脑海当中留下深刻的印象[1]。

---

[1] 傅芳芳.简述全媒体时代新旧媒体融合[J].中国报业,2023(4):96-97.

## （二）新闻内容碎片化

媒体融合是传媒行业发展的必然趋势，在移动优先的原则下，新闻媒体必须确保具有较高的新闻生产能力。融媒体形势下，新闻产品碎片化的特征变得更为突出。就现阶段而言，受众的时间、空间以及接收信息的渠道都呈现出碎片化特征，因此内容简短的新闻内容更容易吸引受众的注意力。为了满足受众碎片化的阅读需求，部分媒体在新闻生产的过程中，过于追求内容短小精悍，在内容呈现上往往只是报道新闻事件的一些零散片段，内容过于分散，无法完整地反映事件的全貌，只捕捉到浅层面的信息，难以引发受众深入思考。比如，2021年7月河南发生暴雨灾害，国内许多媒体都对相关新闻进行了报道，如澎湃新闻、腾讯网等，但报道的内容和形式都比较单一，内容琐碎，很多受众虽然可以从新闻片段当中了解少量信息，却很难把握整个事件的全貌，也不了解与灾情相关的其他信息。

## （三）新闻产品娱乐化

融媒体背景下，流量成为评价新闻产品最关键的指标，新闻产品过度娱乐化的现象变得更加突出。许多媒体在生产新闻时，为了吸引更多的受众，满足受众的猎奇心理，在生产新闻内容时有意放大矛盾冲突，以获得戏剧化的效果，更好地取悦受众，这对新闻真实性造成了一定的影响。还有部分媒体在制作新闻时，只注重素材是否新奇有趣，是否能造成所谓的轰动效应，没有考虑新闻报道在社会舆论引导方面应当肩负的责任，导致新闻内容过于娱乐化，削弱了媒体的权威性。

## 二、媒体融合背景下新闻生产方式变革与创新发展策略

### （一）转变新闻生产理念

任何行业的发展首要的是思维理念的创新，新闻行业也不例外。在媒体融合已走向纵深发展的今天，传统媒体想要走出一条创新发展的新路子，最重要的就是改变传统思维模式，引入新的发展理念。更为具体的来说，就是新闻生产也需要通过创新思维理念来改变原有单一线条的生产方式，以一种更加优质和新颖的方式呈现出来，给予受众更为丰富

多彩的视听体验。首先，这里需要建立的是新闻生产内容和传播渠道双项并举、双项推进的理念。众所周知，新闻报道领域一直以来所奉行的都是内容为王，但在当今媒体融合语境下，媒介之间相互竞争的实质从根本上来说是新闻生产内容的呈现力与新闻传播渠道的整合力的斗争，单纯依靠新闻信息的内容取胜已无法获取新闻报道的先机和关注率，只有将二者兼容并蓄，双项并举，才能加强新闻报道的优势和竞争力。其次，新闻生产要从不同的角度来反映新闻事件之间的相互关联性，并在综合考量的基础上建立和传播自己的视角和理论观点，形成新闻生产在传播观点和理念方面广博与专深研究视域，从而建立起在媒体市场上的绝对优势和竞争力。再次，在融媒体背景下，受众接收新闻信息的渠道已十分宽广，尤其是对一些具有敏感性或争议性的新闻事件，受众的关注和反应几乎达到了实时，这就需要媒体在第一时间发表自己的言论基调，引导和帮助受众在关注新闻事件进展的同时还能对整个事件作出全面的思考和客观的评价。最后，在新闻生产中，新闻媒体还要建立起观点渗透与形式表现相结合的理念，注重将新闻内容的严谨与传播形式的灵活多样相结合更贴近受众，让受众在接收新闻信息的过程中还可以体验到一种心理上的参与感与亲近感。

**（二）创新新闻生产模式**

在传统媒体占主导地位的时代，新闻生产主要是由媒体组织内部按照既定的规则进行专业化的采集、筛选、编辑，最后再将新闻信息发布给受众。受众在整个新闻信息的传播过程中只是作为被动的信息接收者，仅拥有获取新闻信息的权利，而不能也无法直接参与到新闻生产的过程之中。由此可见，传统的新闻生产是在只有专业新闻从业人员参与的封闭式的环境中进行的，表现为一种闭合型的模式。在融媒体时代，依托信息技术的发展，新闻生产已不再只是专业新闻从业人员的专属行为，受众也可以直接参与到新闻生产的过程中，传统新闻生产闭合型的模式转变为开放型模式。如"众筹新闻"模式，即是非常典型的开放型新闻生产模式。开放型新闻生产模式不仅打破了传统的由专业新闻从业人员进行新闻报道的组织化生产方式，还在很大程度上促进了新闻生产的社会化程度。

### （三）优化新闻内容呈现方式

融媒体时代，新闻信息的呈现不仅表现在表现形式的多样和传播速度的迅捷上，还表现为同一条新闻内容从不同的角度和层面所反映的价值观的多元碰撞，这就使受众在接收新闻信息的同时还需要对纷繁杂乱的海量信息进行更进一步的筛选、梳理、鉴别、对比，最终形成自己对新闻信息的全面、准确判断。传统新闻媒体对新闻事实的单向呈现已无法满足受众对新闻事实全方位了解的需求，这要求媒体组织必须将大量碎片式的新闻信息进行有效整合和提炼，以多角度、全方位的呈现方式和更加深入、思辨的表现形式实现媒体对新闻事件的多角度观察和全方位把握。此外，在新闻内容的呈现上不仅要时刻不忘紧密配合党和政府新闻宣传的重点和舆论导向，把握社会环境的大背景，以达到传播正能量和弘扬主旋律的效果，而且还要贴近老百姓的生活，力求探寻百姓最为关注的民生问题和典型性的内容，从而起到引导舆论的积极效用。

### （四）丰富新闻传播方式

在"互联网+"时代，融媒体毋庸置疑已在新闻传播领域占据了技术高地。以新闻类王牌节目央视《新闻联播》全面进驻新媒体平台为例，新兴媒体在新闻报道方面的全面赶超已不容否认。尤其是在近两年的抗疫新闻报道和两会报道中，图片、文字、短视频、直播、H5等多种媒体介质的多元组合，极大地发挥了不同媒介的特点和优势，多种传播渠道实现了新闻内容的全方位全覆盖分发，其传播形式令人耳目一新。由此可见，融媒体语境下的新闻报道在生产和传播方面已呈现出互补式的融合，各个媒体平台借助先进的技术手段打破了传统媒体介质之间的隔离和界线，不仅实现了新闻内容的多元化组合，还通过多介质之间的相互连结改变了单个媒体单一渠道的分发方式，实现了同一新闻内容经由不同渠道不同方式的多频率、全方位、复次化的分发方式。从受众的角度来看，不仅可以同时拥有更多获取新闻信息的渠道，还可以根据自

己的喜好对新闻信息的呈现形式进行挑选。这样互补式的传播方式还实现了信息资源的融合共用，节约了新闻生产的成本，可谓一举多得。

### （五）坚守新闻生产原则

融媒体时代，新闻报道泛娱乐化的现象变得更为突出：一方面导致新闻报道的严肃性被削弱，新闻的社会价值也因此弱化；另一方面导致受众不再更深层次思考和理解新闻事件，受众对社会的认知也因此逐渐脱离现实。许多新媒体用户开始选择自主生产新闻内容，再加上传播速度的加快，导致新闻审核变得更为宽松，传统媒体的专业性开始受到质疑，部分受众甚至片面地将观点当作新闻事实，将虚假的言论看成报道，这种现象变得越来越突出。与此同时，融媒体形势下，媒介作为传播新闻的主体，在社会发展、公众观念引导等方面的作用不断增加，因此在生产新闻的过程中需要保持正确的理念，要坚守新闻创作的原则。

首先，要始终保持主流的价值观念，增强自身的责任意识，通过新闻选题策划传播正能量，要敢于曝光不符合社会主流价值观的现象，积极发挥自身的枢纽作用，将反映民情民意作为自己的职责，做好政府与民众之间的信息沟通工作。其次，不能一味地注重速度，在报道时需要反复核查信息来源，要将反映事件真相作为目标，避免片面报道，要客观地反映整个事件。最后，要不断探索新的舆情引导模式，尝试引入政府、民众等多方面的力量，建立风险决策机制，如此既能够满足广大受众表达自身意见的需求，又能够通过多方协调达成一致，从而形成良好的舆论场，使枯燥乏味的灌输转变为更有人情味的感召和渗透。所以，在变革新闻生产模式时，新闻媒体不能一味地迎合潮流，还需要坚持新闻传播的专业性，坚持正向理念，维护好自身在公众心中的形象。

### （六）优化新闻生产技术

技术是促进媒体变革的动力，也是媒体在市场当中抢占优势的重要因素。随着虚拟现实（VirtualReality，VR）等新兴技术的广泛运用，VR技术开始进入媒体行业并得到广泛运用，从平面化的文字符号，到二维的图形再到三维的图像，新闻内容一步步变得立体化，新闻的现场感不断增强，能够帮助受众全方位地了解新闻事件，为受众提供沉浸式的新闻体验。例如，中青在线推出的新闻作品《可盐可甜——世界欠我一个白鹿》，通过VR技术打造特定场景的同时，打破常规的由媒体负责采访的形式，赋予用户提问的权利，让用户有机会直接面对偶像并提问，通过先进的现代技术，不仅将用户带入了现场，而且让用户通过选择不同的问题，获得了相应的答案，让用户完全沉浸其中。

此外，还有H5技术的运用。H5原本是包含多种信息形态的超文本语言，如今也已经被用于新闻生产，并且出现了许多优质的作品，从而带给受众具有鲜明交互式特征的视觉体验。比如，2021年6月河南省南阳市委网信办联合当地多家媒体，以新闻报道的方式宣传与网络安全相关的知识，提醒才参加完高考的学生，增强他们的网络安全意识。作品在精心策划的基础上，从"警惕网络交易陷阱""不能过度沉溺于网络"等不同角度着手，共提出25条与网络安全相关的警示，借助H5技术将文字、图片等不同形态的信息融为一体，带给用户优质的视听体验，在有效传播网络安全知识的同时，帮助考生更加健康地用网，积极采取措施规避网络风险，获得了较为理想的宣传效果。作品一上线便成为大众在朋友圈宣传、分享的热点，成功获得大量受众的关注和好评。

将新技术引入传媒行业，虽然可以为新闻生产提供帮助，但新技术的运用仍然需要以高品质的内容为基础，如此才能为受众提供更加良好的体验。由此可见，新闻媒体在谋求发展的同时，仍然要重视深耕内容，充分运用现有资源生产大量优质的作品，借助技术赋能真正创作出受大众欢迎的融媒体新闻产品。

融媒体形势下，受众话语权不断扩大，传统媒体的影响力不断被削弱，传统媒体新闻生产的理念和传播方式都已经变化。要想重新树立自身形象，提升新闻生产的效率与质量，传统媒体需要从用户需求的角度出发，创新生产模式，始终将质量放在首位，为受众提供多层次、个性化的新闻服务，通过与不同媒体融合有效地扩大自身在新闻市场当中的生存空间。

# 第四章　融媒体时代下的新闻传播策划

## 第一节　融媒体时代下的新闻传播发展

融媒体时代已经到来，在时代的旋涡中，不仅传统媒体正在改变自己"采编播"的流程、创新探索与其相适应的思想和理念，而且受众也因为互联网技术带来的信息高度交互性、即时性发生了前所未有的变化。多维度、多元化、社交化、高时效、短暂性（易遗忘）成为融媒体的主要特征，新闻传播的发展趋势有了新的方向、新的变化。因此，本文以融媒体时代的新闻传播特点为切入点，对新闻传播在融媒体时代的发展趋势进行了探析，以更好地抓住机遇、迎接挑战。

### 一、融媒体时代的新闻传播特点

### （一）"秒传播"重新定义新闻传播速度

互联网技术，特别是移动端互联网技术的应用，推动了融媒体时代的新闻传播发生了巨变。新闻传播速度进入"读秒"时代，适应这个特点，能够让新闻媒体的影响力迅速拓展。电视直播作为传统媒体新闻快速传播的典型方式，投资巨大、环节繁复、各项成本高昂。如今，"手机+网络"的直播模式让新闻传播的费效比迅速提高，直播新闻现场成为唾手可得的新闻传播手段。比如，邯郸电视台仅在2020年6月就完成对"高考""中考"的两场直播，15路记者完成了20多个点位的直播报道。这种方式和规模的直播，在融媒体之前的地市级媒体是不可想象的。这两场直播的累计收视观众达到百万，成为地市级媒体现象级的融媒体新闻报道典型案例。

除直播外，在融媒体下，新闻传播的速度更快体现在瞬时传播的方面，图、文、短视频、动图等形式，极限压缩了时间和空间的限制，信息能在很短的时间内，通过不同的渠道迅速传播，影响力得到前所未有的提升。需要注意的是，融媒体中的信息平台也是获取新闻线索的主要渠道，有助于媒体及时地掌握最新的新闻信息，并产生交流互动，让新闻话语权变得更加广泛。

### （二）"网红"和"爆款"背后的个性化表达

在融媒体时代，移动终端让信息接收方式高度碎片化、更具有私密性、互动性更强，灌输式、程式化的新闻报道模式没有了市场。人们更喜欢个性化的表达方式，更喜欢平等角度的自然交流，即使是在一些国家级的重大活动中，个性化表达的"短视频""VLOG（视频网络日志）"也与严谨、严肃的新闻报道平分秋色，占据了重要的新闻传播渠道和资源。比如，2019年第二届中国进博会上，新华社用"主播小姐姐"和记者"小新"的角色，以记者的个人视角、体验式采访，微视频、VLOG的传播方式，在互联网中迅速成为"网红"，打造的十几条内容，每条的点击量都在千万级别。类似这种个性化表达，更好地适应了当前的传播环境，满足受众的需求，使得新闻的传播力、影响力得到了提升。

### 二、融媒体时代下的新闻传播的发展趋势

### （一）可持续化：传播效果更加明显

融媒体时代下的新闻传播渠道主要是以网络平台为主，而随着网络

媒体的不断发展，新闻传播的方式变得更多，尤其是在智能手机日益普及的今天，新闻可以在最短时间受到人们关注，利用碎片化时间迅速完成阅读、评论、转发，加上平台大数据的推送，新闻传播能够产生类似核爆炸的"链式反应"，甚至突破地域局限，加上媒体与受众、受众与受众的互动效应，形成网络媒体的矩阵效应，在信息覆盖上变得更加广泛，传播效果得到提升①。

### （二）大众化：持续扩大新闻受众群体决定发展方向

智能化移动终端的发展打破了过去新闻获取的时间、空间限制，极大提升了便利性，这使得关注新闻的人数在不断上升。持续扩大的新闻受众群体，随着互联网技术的升级、媒体平台的成熟，参与到新闻互动之中的主动性积极性越来越高涨，这就形成了良性循环。由此，在融媒体新闻内容更加多样化的背景下，受众群集化传播方式更加明显，新闻传播朝着大众化的方向发展。比如，通过应用互联网技术，受众可利用搜索引擎随时随地查看信息，也能结合自身的兴趣来查找新闻，结合大数据"算法"的推送，大众主动获得新闻的需求不断强化，使得新闻传播变得更加大众化。再如，各种互联网平台、手机自媒体App的普及，使得受众成为新闻或信息发布平台的"拥趸"，受众也乐于通过自己的社会关系转发新闻，使得受众群体不断扩大。媒体与受众在融媒体、互联网、大数据的背景下，"角色"感越来越模糊，受众的互动方式变得更加亲密、黏合度更强，新闻传播力和影响力得到前所未有的提升。

### （三）多元化：现代科技的应用变得更加多元化

现代科技的快速发展，使得媒介融合更加多元化，新闻传播方式也更加多元化，尤其是在新闻传播中，现代科技的应用变得日益广泛，比如，大数据技术，可以根据用户的浏览习惯和新闻爱好，及时地推送有关新闻，使得用户感兴趣的新闻能及时地传播到受众的客户端之中。特别是利用AI（人工智能）技术，能够根据客户喜好，个性化定制新闻的

①张哲.融媒时代背景下新闻传播的变革研究[M].长春:吉林出版集团股份有限公司，2021.

播报方式，更符合客户的口味，"私人订制"使得新闻传播更加便捷。这主要得益于融媒体技术给新闻传播在技术上提供了巨大支持，新闻传播也变得更加具象化，优化受众视觉体验和听觉体验。尤其是受众在获取新闻信息时变得日益多元化，推动了新闻传播和发展，很多电视台正在不断拓展传播领域，并切实注重现代科技的应用，紧密结合受众的需求，在受众需求的导向下，使得新闻传播的方式变得更加人性化。

在融媒体时代，同样需要得到受众的支持和认可，为赢得受众的支持和认可，需要切实发挥现代科技的优势，分析现代受众的特点，现代受众的阅读时间呈现了碎片化的特点，对新闻信息的了解往往是为了打发时间，而真正关心新闻的受众则较少，所以需要切实利用现代科技的优势，打造有质量的新闻，这样才能赢得受众的认可，尤其是要发挥对受众的引领作用，这样才能给受众更多的选择权和主动权。比如，分析受众的新闻阅读行为和阅读时间点，对新闻内容进行优化，在契合受众需求的同时实现新闻媒体发展。由于融媒体具有双向传播的特点，无论是传统媒体还是新媒体，都需要在传播过程上下功夫，切实加强与受众的互动。传统媒体的单向传播方式、滞后的信息反馈渠道，需要利用融媒体整合新机制、促进媒介融合水平的提升，彰显新闻的传播新功能。因为在融媒体时代下，用户的传播作用并非传统的单一的传播对象，往往具有 N+1 的效果，也就是具有人传人的效果，A 觉得新闻质量好，就可能会向别的朋友推荐，具有一传十、十传百的效果，使得新闻得到颠覆式发展。但是，为提升新闻传播效果，需要充分利用好信息源，引进"中央厨房"的理念，统一信息采取多渠道、多方式的传播，比如采用微信公众号、自媒体 App、抖音、微博等，引导更多用户参与，使得新闻现场感得到强化，给受众一种全新的新闻体验。例如，湖南卫视在重大节目中，除了采用手机与电视进行同步直播外，而且还有户外大屏直播，并在屏幕上设置扫码参与活动，使得与受众的互动性得到强化。在江西卫视，不仅有新闻热线，而且还能通过扫码与受众互动，同时还能利用 App 进行回放，同时还开通了抖音认证号，利用自媒体、网络等渠道多元推送。在新冠疫情防控期间，每天的疫情数据，通过各大门户网站、网络平台、电视、手机、电脑等实现无缝覆盖，使得新闻得到更好的传播。

**（四）创新化：彰显融媒体技术新闻传播中的优势**

第一，在工作模式方面进行创新，发挥融媒体技术的优势，结合融媒体在传播过程中有着较强的灵活性和多元性的特点，紧密结合现代受众对新闻快而新的需求，在新闻制作质量得到保障的基础上，及时地将新闻进行发布和推广，使得受众的需求得到满足。例如，在新冠疫情防控期间，央视为了及时地发布有关疫情防控提示，利用一切可能用的融媒体宣传手段，及时地将疫情防控知识进行宣传，及时地播报疫情防控新闻，及时地更新疫情防控数据，及时地做好辟谣，为我国抗疫工作取得决定性的胜利奠定了坚实的基础。在这一过程中，有效地实现传统工作模式的创新迭代。借助央视频、央视影音、央视网、卫星电视、数字电视等融媒体平台，使得信息传播方式得到创新，对于一些特殊情况，采用5G技术进行远程回传，使得融媒体在新闻传播中的作用得到发挥[①]。

第二，发挥融媒体在即时沟通和即时互动方面的优势，能及时地掌握受众对新闻质量的反馈，不仅可以跟帖参与评论，而且还能发送弹幕，从而在关注新闻本身的同时，还能掌握受众的新闻需求，并及时地进行互动，从而对新闻传播的方式进行改进和优化，更好地契合受众在新闻传播方面的需要。

第三，发挥融媒体在适应受众收视习惯方面的优势，利用融媒体滚动传输、在线传输、分享传输等优势，更好地与当代受众的收视习惯相契合。这就需要结合收视习惯，及时地做好对受众的释疑解惑，尤其是在针对热点问题时，通过多渠道发布，彰显新闻媒体的职责和使命。

综上所述，融媒体时代新闻传播的发展趋势是可持续化、大众化、多元化、创新化，我们需要紧密围绕融媒体时代新闻传播的特点，结合未来的发展趋势，采取针对性的措施，才能更好地应对融媒体时代给新闻传播带来的变革和挑战。

---

① 任珈琳. 传统媒体与新媒体融合路径分析[J]. 中国报业，2023（1）：100-101.

# 第二节　融媒体时代对新闻传播策划的思考

### 一、融媒体时代与新闻传播策划的概述

#### （一）我国融媒体发展概述

西方新闻传播界于20世纪80年代率先提出媒体融合，由于语境不同，内涵也不尽相同。党的十八大以来，中央作出推动传统媒体和新兴媒体融合发展的战略部署。2014年，中央深改组第四次会议审议通过《关于推动传统媒体和新兴媒体融合发展的指导意见》，媒体融合作为传媒领域的巨大机遇，上升到了国家战略层面。经过多年发展，媒体融合不断深化，融媒体环境下生产信息可以快速聚合，提高了信息传播效率，拓宽了传播渠道，实现了信息裂变式、太阳花式增长，转变了传统线性传播方式，增强了信息传播者与接收者之间的黏性。

#### （二）新闻传播策划概述

新闻策划是通过搜集和掌握信息，有针对性地对节目受众人群、发展战略、节目内容宗旨等进行综合策划，迎合大众喜好，提高电视新闻媒体的生存能力。电视新闻传播策划具有导向性、创新性、适宜性、可操作性。电视新闻传播策划的对象包括新闻节目宣传片的包装、电视新闻报道策划、新闻节目特技的运用、主持人形象艺术包装等。

#### （三）融媒体时代对新闻传播策划的影响

第一，信息来源呈现多元化发展。融媒体时代不受传统新闻热线电话局限，已经逐步发展出微博、微信等新闻线索渠道，例如，奉化新闻每周一至周五播出《奉视新闻》《民声1890》时，屏幕上会出现节目组的二维码，新闻观众可以通过扫描屏幕下方的二维码，与节目组取得联系。融媒体时代，传统电话热线正逐步被微信、微博取代，但目前新闻热线仍有专门的接待人员，新闻节目记者会从上千条新闻线索中筛选出有价值的进行播报，离不开网络热线的一手资料。

　　第二，信息传播内容彰显社会正能量。融媒体时代，各种海量信息出现在大众视野，其中不乏一些负面信息影响受众价值观。电视新闻除了要播报民生类节目，还要传达国家大事、要事信息及弘扬社会正能量。2021年，奉化电视新闻中心围绕中国共产党成立100周年和共同富裕特色区建设，在全媒体平台统一开设"奋斗百年路启航新征程""全面创新全域美丽""创建精特亮展现奉化之美"等20多个专栏专题，精心策划了一大批具有典型意义的系列报道。奉化新闻为了提高市民精神文明，满足百姓需求，营造幸福、和谐的奉化社会舆论，推出了"共建'我们的家园'奋力打造全国文明典范城市""垃圾分类奉化最美""全面创新全域美丽高质量发展建设共同富裕特色区""奋进的五年辉煌的成就重点工程巡礼"等专栏，履行了传统媒体的社会责任，对维护社会和谐、稳定，丰富人们的业余文化生活具有积极作用①。

　　第三，融媒体时代新闻素材不局限于记者采访。随着微信、微博、抖音等新媒体平台的普及，新闻线索除了传统电话热线，还可借助网络平台视频实时传递，解决了长期存在的信息不对称问题。以"防范电信网络诈骗共建和谐平安奉化"专题为例，人们主要以视频的方式提供线索，记者在采访之前就能对相关信息作出评价。以往，记者要背着摄像机到现场拍摄新闻素材，如果没有及时赶到，就会与新闻事件失之交臂；随着智能手机和网民数量的增加，新闻事件的每个目击者都能采集到视频信息，并将其作为电视新闻的一手素材。奉化电视新闻推出了掌上奉化新闻客户端，其中"净网2021防范电信网络诈骗"为百姓财产构建了安全屏障，有些信息来自普通群众的一手资料，新闻生产效率不断提升。

## 二、融媒体时代下的新闻传播策划建议

　　在融媒体时代下，新闻传播业必须认识到自身体制的不足，积极去探索新的管理和运行机制，完善组织架构，深入推进生产模式、服务模式、组织模式、人才结构等各个方面的全面转型。除了要制订人才吸引

①李修远，钱佳，郝金刚. 现代新闻传媒与文化发展研究[M]. 吉林人民出版社，2021.

计划吸引专业技术人才加盟外，还需要加强单位内部员工的培训和学习，有效提高工作人员的全媒体新闻传播策划的基本能力，探索搞好新闻传播策划的途径。笔者立足于新闻传播策划的一线工作，对搞好新闻传播策划提出了相应的建议。

### （一）思维模式转变和能力提升

融媒体时代，广大媒体人必须转变传统媒体时代的"媒体本位"观念，把受众放在第一位，把新闻内容当成产品对待，把受众当成客户对待。新闻传播业要坚持新闻内容的优质性和新闻生产的专业性，只有权威、专业的新闻才能保障新闻媒体的权威性和公信力。这也是新闻策划人员必须坚持的理念。这就要求新闻策划人员和从业者树立融媒体意识，培养和运用创新思维能力，充分利用手机媒体，将互联网思维运用到新闻传播策划的每个环节中。正如中国传媒大学范周教授所言，互联网时代到来，催生了"文化产业+"模式、"传统产业+"模式，这就需要新闻传播和整个文化产业都要强化互联网思维，从科学策划和精心策划开始，全面考虑受众的多元化和个性化需求，有针对性地定位新闻产品。

### （二）新闻生产流程改善和再造

新闻生产流程改善和再造，要着力于以下四点。第一，建立合理有效的新闻评估机制，将各渠道获取的新闻内容进行统一的评估，基于新闻的价值和使用方向进而进行合理分配；第二，在新闻内容生产阶段要加上专业化与个性化特征，摒弃以往封闭生产新闻的模式，新闻内容生产时既要把好质量关，又要注重个性特征，把受众的需求融入新闻生产过程；第三，传播形式的多元化，新闻生产完成后，可以在不同的平台进行多形式和多元化传播；第四，建立新闻播放反馈机制，通过对受众大数据的分析，整理新闻播放后的效果及相应的反馈意见，将其融入后期的新闻再生产中。

### （三）技术与内容双轮驱动

对于新闻传播业来说，内容是核心，传播技术是关键。融媒体时代，新闻策划人员对内容与技术的关系也应当有全新的认识，在新闻技术与新闻内容之间寻求一个平衡点，是新闻传播策划过程中无法回避的问题。媒体的融合发展，也从过去简单地强调"内容为王"，进入内容与技术两轮驱动新阶段，在新闻策划和生产中自觉把握二者的平衡。

### （四）加强内容创新和监管

在当前这个信息碎片化的时代，在强调技术引领和驱动的同时，坚持"内容为王"仍然不过时。当前人们对高质量新闻产品的需求仍然非常大，因此必须加强高质量新闻产品的创作，这是提高市场竞争力的关键。人们对权威的高品质新闻产品需求日益增加，优质权威的内容仍然是核心竞争力。创新是内容生产的不竭动力。在融媒体时代，新闻工作者只有对新闻产品不断进行创新，才能创作生产出优秀的高质量新闻产品。首先，要视野开阔，学习和借鉴发达国家传媒的新观念、方法和能力；其次，抛开头脑中固有的僵化观念，大胆想象，小心求证，精心策划；最后，内容的监管不可忽视，要综合运用法律手段、行政手段和经济手段，维护创新性产品的权益，打击知识产权的侵权和盗版行为。

### （五）实施品牌战略，塑造精品

品牌营销是一种无形的营销网络，品牌营销是利用产品的品牌符号，在受众的心中建立其形象。因此，对新闻产品进行品牌战略营销是扩大其市场竞争力的重要途径。对新闻传媒业实施品牌化战略，主要途径有以下四种。第一，做好新闻产品的定位。融媒体时代，新闻产品和新闻报道都一定要有特色，保障新闻产品的质量和报道质量，用观点和内容去吸引受众，而不是一味迎合。第二，通过策划创建自己的新闻品牌，塑造精品。当今人们对高品质的传媒平台和产品需求日益增长，而现实中各种媒体提供给受众的高质量产品偏少，不能满足其要求。传媒业根本上要靠高质量的品牌立足和取胜。搞好策划、创建品牌、塑造精品，是党和国家近年来大力推进供给侧结构性改革对新闻传播业提出的必然要求。第三，要塑造形象，从新闻的包装上下功夫。在新闻宣传片、标题、包装以及特效上，要精心设计，融入更多设计元素，塑造有辨识度的形象，让受众在新闻媒体中能够轻松区分。但这也应把握好度，切忌对新闻进行过度的形象包装。第四，搞好跨界营销。在实施新闻品牌战略时，必须在多元化的传播途径中开展新闻的评价机制。通过跨界营销的方式，将新闻节目的理念、品牌、主持人向外输出，使新闻传播不仅墙内开花墙内香，更要墙内开花墙外香①。

### （六）保障公信力，提高传播力

在党的十九大报告中强调，要高度重视传播手段建设和创新，提高新闻舆论传播力、引导力、影响力、公信力。

因此，新闻产品传播力决定影响力，公信力就是生命力。在融媒体时代，新闻产品要保障公信力，提高传播力，必须遵循和贯彻以下四点原则。

#### 1.第一时间原则

时间是新闻和新闻传播的生命线。新闻传播的第一大要求就是要保证新闻的时效性。对于公共突发事件、社会热点事件来说，时间代表该新闻报道的重要价值，谁能在第一时间内将新闻公布于众，谁就可以掌握该新闻报道的主动权。

#### 2.第一现场原则

手机移动端等新媒体的出现，使信息传播的形式和途径变得丰富多彩。对于新闻事件来讲，如今的受众人群不满足于新闻信息的知晓，更希望能亲眼看到新闻现场和发展过程，体验到一种身临其境的参与感。对新闻传播来讲，其第一要务就是在新闻发生的第一现场通过声音、画面、场景，近距离报道最真实的新闻事实。通过在第一现场的报道，可以弱化新闻发生现场与受众人群之间的距离感，增强受众的现场体验感。

#### 3.信息完整原则

客观、公正、完整地把新闻事件信息传达给受众，报道最全面、最

---

① 章权. 融媒体时代新闻报道策划实践探索[J]. 重庆三峡学院学报,2021,37(6):36-45.

真实的新闻事实，是新闻从业者的职责所在，也是新闻导向力和影响力的基本要求。融媒体时代下，新闻信息的来源渠道较广，且对新闻的解读各异，在这种情况下，新闻从业者必须要把新闻的真相传达给受众，用事实说话，不能夹杂个人主观情绪。对于新闻的报道，还必须保证信息的完整性，关注新闻事件的完整性、全面性和深刻性。

4.重视直播原则

随着科学技术的进步和社交网络平台的大量出现，新闻直播的实现变得较为容易，也激发了受众的观看需求。与其他类别的网络直播不同，新闻直播对直播内容方面的要求会更高，同时需要增加与受众的互动性，充分利用节目的品牌效应和新闻主持人的名人效应，增加受众的黏性，保障新闻节目的公信力，提高其传播力。

高质量的新闻报道，都是基于新闻学、传播学、策划学三者结合的新闻传播策划。从选题的舆论导向和社会影响力，到事件的大量调查和采访，从事件本身到新闻报道，新闻从业者始终保持着深刻的人文关怀和独特的人性视角。同时，对报道作品的制作和呈现，都需要综合而巧妙地运用文字、图片、视频、音乐等元素，让其相得益彰，使得报道全面而饱满、独特而具有权威性和说服力。

# 第五章　融媒体时代传媒规制的创新

## 第一节　传媒规制及其特征

### 一、传媒规制的概述

传媒规制是指对传媒行业的法律、制度和政策体系进行监管和管理，以确保其合法、公正、健康、有序的运行。这种规制是为了平衡传媒自由和社会公共利益之间的关系，防止传媒滥用权利、传播虚假信息、侵犯他人权益或危害社会稳定。传媒规制的概述可以从以下五个方面进行描述：

#### （一）司法法规

国家通常通过法律法规对传媒行业进行规范和约束。例如，新闻法和广播电视法等，界定了传媒从业者的权利和义务，明确了传媒活动的范围和目标，规定了传媒违法行为的法律后果。

#### （二）新闻伦理和行业规范

传媒行业通常制定自律规范，如新闻伦理准则、职业行为准则等，约束从业者的行为规范。这些规范旨在保证新闻报道的客观、真实、公正，并遵守社会、文化和道德的要求。

**（三）媒体所有权和市场竞争**

传媒规制还涉及对媒体所有权和市场竞争的监管。国家通常会设立反垄断机构和媒体所有权监管机构，限制媒体所有权的集中和垄断，维护市场公平竞争，避免媒体对舆论的单一控制。

**（四）内容审查和信息安全**

为保护公众利益和社会安全，传媒规制通常涉及内容审查和信息安全控制。国家可能对特定领域的信息进行审查，限制敏感内容的传播或防止不当信息的扩散，以维护公共利益和社会稳定。

**（五）互联网监管**

随着互联网的迅猛发展，传媒规制也逐渐面临互联网时代的挑战。国家通常会制定互联网监管政策，包括网络内容审查、网络安全和个人信息保护等，以保证互联网的正常运行和公共利益的维护。

需要注意的是，传媒规制的具体形式和程度在不同国家和地区可能存在差异，受到法律、社会文化、政治制度等多种因素的影响。因此，在研究传媒规制时，需结合具体背景进行深入了解和分析。

**二、传媒规则的特征**

在现代社会中，传媒在信息传播、舆论引导和文化传承等方面起着重要作用。然而，由于传媒的力量和影响力，适当的规制变得至关重要。传媒规制旨在维护公共利益、保护消费者权益、维护市场秩序，并确保传媒行业的可持续发展。笔者将对传媒规制的特征进行分析，并介绍其中的重要方面。

**（一）多元化与公平竞争**

传媒规制的一个重要特征是促进多元化和公平竞争。多元化指的是传媒市场中存在多个各具特色的媒体机构，以便人们能够接触到多样的信息和观点。公平竞争意味着不同的媒体机构应具备平等的竞争机会，并受到公平规则的约束。这样的规制有助于防止媒体垄断和信息的单一化，同时激发创新和不断提高媒体质量。

## （二）内容审查和道德标准

传媒规制的另一个特征是内容审查和道德标准的制定和执行。内容审查是指对传媒内容进行审核，以确保其符合法律法规和社会伦理。这种审查通常由政府机构或自律机构负责。同时，道德标准的制定和执行也是传媒规制的重要组成部分。这些标准可以包括关于新闻报道准确性、隐私保护以及尊重多样性的规定，以确保传媒行业的公信力和责任感。

## （三）广告与商业行为的规范

广告和商业行为的规范也是传媒规制的一个特征。广告在传媒中起到了重要的商业推广作用，但同时也可能存在误导和不公平竞争的问题。因此，传媒规制需要确保广告内容真实、准确，并遵守相关的法律法规。此外，在商业行为方面，传媒规制还需要限制潜在的腐败、贿赂等不当行为，以促进公正的商业环境。

## （四）媒体所有权和披露要求

传媒规制还涉及媒体所有权和披露要求的规定。媒体所有权的分散和透明是保持多元化和公平竞争的重要方面。传媒规制需要建立透明的所有权结构，并要求媒体机构披露其所有权情况，以便公众和监管机构对传媒市场进行监督。这样可以防止垄断或操纵市场的情况发生，并维护公共利益。

## （五）独立性和自治性

传媒规制还需要保证传媒的独立性和自治性。传媒应该能够独立地从事信息搜集和新闻报道，以避免政治或商业利益的干扰。传媒规制应该保护媒体机构免受政府或其他利益力量的干涉，并确保媒体具有适当的自治权。这可以通过法律保障、规章制度和自律机构的设立来实现。

## （六）反垄断和市场监管

传媒规制还需要关注反垄断和市场监管的问题。媒体市场中存在垄断或不正当竞争的情况会损害公众利益和市场秩序。传媒规制需要制定反垄断政策，以防止媒体集中和市场扭曲。此外，市场监管也是传媒规制的一项重要任务，以确保市场的公平性和正当竞争的环境①。

### （七）社会责任和公众参与

媒体的社会责任和公众参与也是传媒规制的重要方面。传媒作为信息传播的重要渠道，对于提供客观、准确和有价值的信息负有责任。传媒规制应该鼓励媒体机构履行其社会责任，提供公共利益的信息，同时也应该给予公众参与的机会，让公众能够对媒体内容和行为进行监督和反馈。

### （八）国际合作和跨境规制

随着全球化的发展，传媒规制也需要考虑国际合作和跨境规制的问题。传媒不再受限于国界，涉及的问题也变得更加复杂。国际合作可以帮助各国在规制传媒时分享经验、制定共同标准，并加强对跨境媒体机构的管理。跨境规制需要解决跨国媒体所有权、市场准入和信息流动等问题，以确保传媒规制的有效性和一致性。

综上所述，传媒规制具有多元化与公平竞争、内容审查和道德标准、广告与商业行为的规范、媒体所有权和披露要求、独立性和自治性、反垄断和市场监管、社会责任和公众参与、国际合作和跨境规制等特征。这些特征是为了维护公共利益、促进公正竞争、保护消费者权益、维护市场秩序和促进传媒行业的可持续发展而制定的。传媒规制的目标是建立健康、公正和透明的传媒环境，以促进社会的繁荣和进步。

---

①郑晨.融媒时代新加坡传媒规制探微[J].传媒,2021(21):64-66.

# 第二节　新时代传媒规制的创新

## 一、我国传媒规制的现状与问题

### （一）我国传媒规制的现状与问题

我国传媒规制是在特定的历史条件下形成的对于媒介的规制，是一种历史的延续，是在特定的历史条件下形成的。我国新闻传媒业的规制和发展大致经历了三个时期：

第一，中华人民共和国成立后至1978年，这一时期由于应对复杂的国际政治形势，有统一对外和对内宣传的需要，这种思想的整齐性和利益主体单一性的现实社会政治经济环境下，政府传媒规制的核心是新闻媒介的"宣传工具"和"耳目喉舌"属性；第二，1979年至1995年，这段时期是社会主义的改革时期，新闻媒介肩负着为"政治稳定"和"经济建设"服务的政策目标任务，实行的是"事业单位，企业化管理"；第三，1996年至今的市场化时期，这一时期由于传媒业改革实行市场化、产业化的经营管理，传媒业的政府规制因传媒业的市场化发展和推进而开始受到广泛的关注，传媒业在市场导向与政府规制的双向互动中前行。因此，政府对于媒介的管制是一种历史必然，有特定的环境和现实需求，传媒业的政府规制是有效的制度补充。

政府规制一般包含三个主要的构成要素：规制主体即政府，规制客体即企业经济活动，政府规制的手段方式即法律规范。传媒业的规制主要是指政府通过制定法律、规章制度和政策等对传媒市场的直接调控和对传媒企业行为的间接控制。具体而言，传媒业的规制主要是政府对传媒市场准入资格、传媒内容和经营操作技巧等方面的政策规制。

政府传媒规制的各个要素的关系也是非常明确的，谁是管制者，谁是被管制者，都有着清晰的定位。谁从规制中获益，谁因规制受损，这其中规制的制度是一个非常关键的因素。"在约束条件下争取最大的利益"是一个基本的经济学假设，该假设认为每个机构或者个人在局限的条件下都会不断地替自我谋求最大的利益，而约束机构或者个人行为最主要的社会条件就是制度。制度通常被定义为一组行为规则的集合，这些规则与社会、政治和经济活动有关，支配和约束社会各阶层的行为。有学者将制度划分为两个层次：制度环境（institutionenvironment），制度安排（institutionarrangement）。制度环境是一系列基本的经济、政治、社会和法律规则的集合，它是制定生产交换以及分配规则的基础。制度安排是支配各机构之间可能合作和竞争的规则集合，制度环境制约制度安排，而制度安排的变动也会在一定的条件下反作用于制度环境。

当前，我国传媒业的政府规制也是在一定的宏观制度环境下，通过一系列的制度安排实现的，传媒业需要在这些局限的条件下，不断地替自我谋求最大的利益。但目前在传媒业政府规制的制度层面还存在着制约因素：

一是规章制度中规制主体的多部门规制。我国传媒产业的管理同时隶属于多个部门：中宣部、广播电视总局、国家新闻出版署、国家版权局、文旅部、国务院新闻办，还有财政部、税务总局、工业和信息化部等。这造成规制的分化，规制不系统，沟通协调难度大，形成了规制频繁、文件规制太多的现实局面，其后果是一方面传媒业限制过多，另一方面由于多维规制，出现规制不力的情况。

二是正式规章制度相对不健全，"潜规则"泛滥。目前，我国传媒业的政府规制还不完善，尤其是专业的法律规范尚不健全，新闻法、广播电视法等专业法律尚未制定，因此，在政府规制过程中，由于没有正式专业的法律可以依据，造成"潜规则"泛滥，规制混乱。

三是媒介政府规制制度操作的非市场化倾向。我国政府对媒介规制有两种倾向：过去是一种"管制"倾向，依照旧的计划经济体制，媒介被赋予了"喉舌与工具"的性质，过度强调媒介的宣传功能而忽视了其提供娱乐和沟通信息的功能；现在是一种"双轨制"，规制在宏观计划经济体制与市场体制间，政府管制不管是过去行政性垄断的"管制"，还是现行"事业单位，企业管理"的双轨制管制原则，都带有浓厚的非市场经济操作的特征，忽视了媒介本性上的经济功能，市场上的竞争缺乏行为规则。

由于这些制约因素的存在，我国传媒业政府规制的制度环境和制度安排还不完善，在一定程度上滞后了传媒业的规制和发展，因此，我国广播电视的规制阶段相对落后，规制机构建立不科学，缺乏独立和公平的监督机构。

### （二）传播新技术的规制挑战

大众传播媒介的发展一直以来都是与技术的推进密切相关的，在一定程度上，可以说传播技术是大众传播媒介高速前进的动力源之一。大众传播媒介中报纸、广播、电视和网络等的诞生与发展都伴随着传播技术的推动与突破，大众传播媒介传播技术的演进大致有四个方向：从平面媒体的单向传播到立体媒体的多维传播；从印刷媒体的纸质传播到电子类媒体的电子化传播；从广电的模拟传播到数字传播；从报刊单一功能的传播到网络、手机等整合多媒体传播等。

总体而言，传播新技术对大众传播媒介的应用、发展与影响主要体现在两个方面：一方面，传统大众传播媒介技术应用后的传播方式与手段的推进，报纸杂志由相对单一的黑白版面到极具视觉冲击力的彩色版面，编辑排版由过去的人工排版到现在的电脑数字排版，而报纸印刷技术也有了大幅度的提高。电视方面，传播新技术的应用与推广相对更突出，从黑白到彩色、从模拟到数字、从无线到有线，等等。目前电视媒体的传播实现了天上有卫星、地下有光缆、地上有电缆的立体传播接收方式。而卫星电视、数字电视技术的发展所带来的必然是可选择频道的激增，宽带视频技术和3C技术的成熟与商业化所带来的资讯"易得性"的极大提升，以及获取资讯的方式向着"我的电视"这一定制模式的发展。

另一方面，传播新技术的应用新兴媒体的出现，同时也产生了很多新的传播方式，手机、MP3、MP4和IPTV等都是现今流行的新兴传播媒体，随着3G技术的成熟，商业化手机将会成为一个简便、快捷的电子阅读显示器，已经逐渐成为人们获取新闻资讯的一种主要阅读终端，在从无线短信服务到彩信服务的发展过程中，技术的前进和突破，以及无线网络的平台支持，让手机真正具备了媒体的特征，手机媒体已成为以手机为视听终端、手机上网为平台的个性化信息传播载体，它是以分众为传播目标，以定向为传播效果，以互动为传播应用的大众传播媒介。而作为新兴媒体的手机媒体也和传统媒体实现了互动，2004年7月1日，《中国妇女报》推出了全国第一家"手机报"《中国妇女报·彩信版》。随着科技的高速发展和5G时代的到来，智能手机的普及使得中国手机用户日益增多。到2023年，中国手机用户已占据世界上最多的手机用户市场，并可望达到33亿，预计增长率将达到15%以上。手机媒体有着巨大的潜力和市场前景；而抖音、快手、西瓜短视频等都是以网络为技术平台的新兴媒体，凭借着新的传播技术和个性化的服务，当前都形成了一定的市场规模。

传播新技术的应用与推广，使我国大众传媒业整体规模大幅度增加，媒体的种类繁多，我国已成为世界上传媒发展与消费的大国。另外，传播方式和手段也更加多样化和个性化，新技术、新媒体对我国传媒政府规制也提出了新的挑战，技术规制成为政府传媒规制的重要部分。美国制度经济学派代表人物C.艾尔斯认为："技术进步的本质不在于个人技艺的提高或个人精神的某种表现，而在于工具的变革以及由此引起的制度方面的变化。"

## 二、新时代传媒规制的创新

目前，我国传媒产业的管理同时隶属于多个部门：中宣部、国家广电总局、国家新闻出版署、国家版权局、文旅部、国务院新闻办，还有财政部、税务总局、信息产业部等，据统计，2005年针对传媒业共出台了各种管理法规、条例和措施等近300多种。传媒业政府规制在一定程度上，是一种有效的制度补充，有利于保证一切资源能在规范的环境中运作，进而实现利益的均衡。

另外，由于我国是以公有制为主体的社会主义国家，经过社会主义市场经济的改革和建立，传媒业实行的是"事业单位，企业化经营"的双轨制，传媒业既要肩负"宣传工具"的喉舌功能，又是市场的主体，传媒业的这种双重角色，给政府规制带来了复杂的背景因素和现实挑战，因而传媒业规制的制度化也存在着许多困境，产生了媒介寻租、公权滥用、信息不对称和政商合谋等问题。

随着传媒市场化、产业化的推进以及国家政治和经济体制改革的演进，传媒业规制的机制和制度的改革也日益引起关注，而传媒业的国际化、全球化的外部推动力，也使传媒规制的制度创新成为必然的选择。美籍奥地利经济学家约瑟夫·熊彼特最早从经济学的角度提出了创新理论，他认为"创新是企业家对生产要素的重新组合"，即"建立一种新的生产函数"。创新理论是一个系统工程，这个系统涵盖了制度创新、组织创新、管理创新、技术创新和市场创新等五个方面，其中制度创新是非常关键的一环①。

从本质上说，创新就是企业或机构内部自身创造性的一种变动，这种机构内部自身创造性的变动是传媒业政府规制机制与制度创新的关键与核心。一般规制创新的形式有两种：一是诱导性创新，即市场一旦存在着获利机会，相关制度会发生响应；二是强制性创新，即政府通过行政立法方式的管制，导致制度创新的变化。这里强调的主要是后一种，就是规制机构政府或行政机关通过创新，制定政策法律，以适应不断变化的环境和需求，健康有序地管理好传媒业。

传媒业政府规制机制与制度创新的路径与方式是非常重要的，一直是人们关注的焦点，通过创新转换政府职能，实现政事、管办分离，同时也可以加强社会性规制。香港学者陈怀林对内地传媒业规章制度创新提出了五点：①传媒制度和制度平衡条件的演变；②依照成本高低的分层制度创新；③依照区域收益由点到面展开创新；④制度创新的路径：自下而上的"合谋"；⑤制度创新的方式：连续的边际调整。总体而言，就我国的传媒规制和公共政策体系建设而言，还需在兼顾国家利益、媒介利益和公众利益的基础上，建立理性化的现代传媒规章制度。

---

①龚涵.西方传媒规制变迁与发展下的启示[J].大众标准化,2020(17):57-58.

# 第六章 融媒体时代数据新闻实践
## 与创新发展

## 第一节 数据新闻概述

大数据时代的到来，给很多行业带来了挑战，传统媒体的发展也受到了巨大冲击。以前受众只能通过电视、报刊、广播等渠道获取新闻资讯，但现在，播发什么接收什么，一部智能手机就可以解决。在这势不可当的新闻发展浪潮中，传统媒体的生产理念和生产方式发生了深刻的变革。大数据技术的发展，推动了媒体行业的转型升级。数据新闻就是大数据环境下的一种新型传播方式，这种新方式通常需要借助数据说话，通过对数据的分析研判，使新闻更加直观、生动。

### 一、数据新闻的基本内涵

"互联网之父"蒂姆·伯纳斯·李于2010年说过：数据驱动新闻是未来趋势（Data-drivenjournalismisthefuture）。他甚至预言：新闻的未来，是分析数据。随着互联网、云计算、人工智能等技术的飞速发展，以及以"三算"（算据、算力、算法）基础底座为支撑的大数据技术的广泛应用，这句话正在被越来越清晰地印证并实践。

数据新闻，又叫数据驱动新闻，是指基于数据的抓取、挖掘、统计、分析和可视化呈现的新闻报道方式。数据新闻凭借自身客观性、真实性、可视性、交互性等特点，不断借助数据算法的力量拆解热点话题，引导读者发掘事件、现象或问题背后的信息细节和公共价值。

数据新闻的概念界定可以追溯到早期的精确新闻和计算机辅助报道。前者讲究在报道过程中加入实证主义和资料收集，后者强调信息技术对新闻生产的自动化加工与流程辅助，而数字新闻的概念则随着信息技术的发展不断被升级和拓展——它将改变我们的工作方式，以及我们看待数据的方式。依托强大的数字技术赋能，数据新闻变革了传统新闻生产理念与叙事思维，并直接催生出一种独立的、跨学科、跨领域的新闻报道方式[1]。

## 二、数据新闻的报道特征

在媒体融合发展的上半场，各家媒体都在不断推动新闻表达形式和传播方式的推陈出新，数据新闻产品创新不断，力求通过技术手段把复杂的新闻事件清晰呈现，以可视化形式表达新闻内容。

以人民网展示的数据新闻优秀案例为例，目前国内的数据新闻产品在选题设置、数据可视化、多维度叙事和个性化体验上做足了文章。一是以小切口表现时代大主题，报道题材多种多样，焦点精、微、细、实，这也符合数据新闻客观中立的特性。2018年，人民网推出"数说"系列产品，用数据盘点改革开放40年来中国在经济、政治、军事、文化各领域的发展变革，数据选取角度多体现生活化、常态化的特点，符合新媒体时代用户对轻量级内容的要求；新华社创作的《2020，36亿数据绘出这条线》《大数据看中国：就业背后的变化》等数据新闻产品，在网上引发热烈反响，大家普遍反映数据"接地气""可信度高"，体现了数据新闻将数据作为论据，运用统计学方法遍历数据的特点；《大众日

---

①颜恋蘅. 智媒时代下数据新闻伦理问题[J]. 新闻文化建设,2023(2):42-44.

报》开辟专栏《数据说》，选题全部取自自带光环的网络热搜词，受到年轻用户的喜爱和分享，同时又起到了主流媒体正面引导舆论场的作用。二是前端可视化界面愈发精美生动，通过交互式设计和立体化呈现，各家媒体灵活"玩转"静态图表、信息图、交互时间轴、交互地图、视音频等多媒体混合表达，既能增加报道的广度和深度，完整呈现事件全貌，又能提高读者的沉浸感与参与度。广西新闻网出品的《大数据"动"悉广西战"疫"》，战"疫"数据动态化捕捉、场景化建模，读者点击屏幕，还可弹出相关个例详细信息、行动轨迹等，可以依据自己的兴趣和需求获取个性化数据和独一无二的交互体验，改变单向叙事的传统阅读体验。三是集团作战，组织架构扁平精干。数据新闻是跨界混搭的新闻报道方式，最能体现融合、创新、敏捷迭代的媒体融合特点，近两年获奖的优秀作品也多是出自各媒体旗下的小型工作室，小工作室背后比拼的是各家媒体专业稳定的内容输出能力和"1+N"的生态集结能力。

### 三、数据新闻的显著优势

全球媒体圈早就掀起了数据新闻热潮。《纽约时报》、《卫报》、《华盛顿邮报》、路透社、美联社等世界著名媒体陆续成立了数据新闻部门，阿根廷、菲律宾、埃及等国家的媒体也不断斩获全球数据新闻奖。数据新闻报道已成为众多报道组合拳中的重量级角色，正如蒂姆·伯纳斯·李的预言一样，数据驱动"新闻的未来"已经到来。

数据新闻不仅能火还将持续地火下去，其在主流新闻生产中的占比权重也会越来越大。这归因于数据新闻独特的传播学特点和技术属性，它有效解决了传统新闻报道的四大痛点和难点。

第一，可视化呈现实现了叙事逻辑的多元化和交付产品的开放性。大数据新闻以交互式、动态化的新闻呈现，得到纯线性叙事所难以达到的传播效果。数据新闻报道方式能够在宏观上对某个事件看得更加清楚与全面，通过数据手段把复杂的事情直观化，非常适合当下短平快的互联网传播方式，降低了新闻阅读难度和信息获取门槛。

第二，数据分析提升了新闻报道的权威与客观性，增加了内容的纵深厚度。事件与事件之间的关联，可以利用可视化技术和数据挖掘技术清晰地揭示。同时，综合运用图表图形的视觉优势，立体化呈现效果让报道更有说服力，观点更加简洁明了。

第三，大数据技术使预测性报道成为可能，今后面向未来的新闻将成为主要发力点。新闻的客观性不仅是对当下事实的反馈，也是对未来趋势的把握。大数据能够预测社会和人们日常生活的各个方面，微观的如新冠疫情传染趋势、交通拥堵情况等，宏观的如经济指数的变动、某种社会危机的预警等。

第四，信息定制和面向交付的生产方式加速了新闻生产供给侧改革。数据新闻坚持以用户体验为核心的产品设计理念，利用推荐算法，可以精准定位、精心测算，按照个人习惯和偏好将数据服务推送到用户眼前。

### 四、数据新闻的主要风险

数据新闻虽然有叙事优势，但其鲜明的技术属性也对媒体自身的数据治理工作带来巨大挑战。数据新闻所需的数据语料浩瀚纷杂，数据真伪、知识侵权、"信息茧房"、舆论泡沫、资本操纵、隐私泄露、算法缺陷、算力瓶颈等这些大数据技术带来的安全风险，在数据新闻中都有体现。

首先是数据安全风险。由于数据壁垒造成的封闭格局和数据来源的真实性问题，新闻客观性受到挑战。一方面数据由于互联网寡头垄断而缺乏第三方数据平台，大数据仅仅作为局部细节，缺乏整体的代表性。另一方面，数据内容的抓取缺乏语义分析和信息辨别能力，UGC（用户原创）的公众内容往往成为情绪化宣泄口，难以辨别事实真假。

其次是舆情操纵风险。大数据时代"把关人"机制仍然是存在且必须的，尽管在数据新闻的生产中，记者报道新闻的第一手资料是客观数据，但是基于机器实现的内容生产，数据清洗、数据结构化、数据标引等工序后所形成的结果集，仍然要经过记者、编辑和数据技术人员的手工验证和审校，在此过程中，把关者的立场、倾向、态度仍会有意无意地渗透在新闻报道文本中，新闻的客观性仍然难以保证。

最后是机器辅助决策风险。海量数据的关联逻辑仅仅为算法计算的相关关系，而非因果逻辑，仅靠数据罗列难以呈现事实真相和背后原因。业界发生过多起舆论偏差事故，甚至造成了媒体公信力的丧失。"技术中立""算法无罪"等说法从网络意识形态上来说从来都是不成立的，算法规则的设计者往往带有某种非技术的倾向，造成推荐算法不智能或太智能、"信息茧房"一叶障目等情况。由于人为或者非人为的原因，数据有时确实"会撒谎"，必须进行人工干预与法制层面的约束。

综上所述，媒体单位需要合法合规地使用数据，充分将机器生产的智能化效率化和人工编辑的专业性经验性结合起来，考量数据共享、数据安全、知识产权保护等多方面因素，建设高质量数据平台和智能化生产平台，提升媒体自身的数据治理能力和效率等。

### 五、数据新闻的关键技术

为更好地理解数据新闻，需要准确把握好数据新闻相关的关键技术。

#### （一）数据建模

是指对现实世界各类数据的抽象组织，将经过系统分析后抽象出来的概念模型转化为物理模型后，建立数据库实体以及各实体之间关系的过程。在软件工程中，数据建模是运用数据建模技术，建立信息系统的数据模型的过程。

#### （二）数据挖掘

是指从大量的数据中通过算法搜索隐藏于其中的信息的过程。数据挖掘通常通过统计、分析处理、数据检索、机器学习、专家系统和模式识别等方法实现上述目标，包括数据清洗、数据交换、挖掘实施、模式评估和知识表示等步骤。

#### （三）数据可视化

是关于数据视觉表现形式的技术。这种数据通常是以某种概要形式抽提出来的信息，利用图形、图像处理、计算机视觉以及用户界面，通过表达、建模以及动画的显示，对数据加以可视化解释。

### （四）NLP语义分析（自然语言处理）

是研究人与计算机交互语言的技术。按照技术实现难度的不同，这类系统可以分成简单匹配式、模糊匹配式和段落理解式三种类型。一方面它是语言信息处理的一个分支，另一方面它是人工智能的核心课题之一。

### （五）知识图谱

是指把复杂的知识领域通过数据挖掘、信息处理、知识计量和图形绘制而显示出来，用可视化技术描述知识资源及其载体，挖掘、分析、构建、绘制和显示知识及它们之间的相互联系，揭示知识领域的动态发展规律，为学科研究提供切实的、有价值的参考。

### （六）数据治理

是指从使用零散数据变为使用统一数据的过程，通过制度、标准、监控、流程几个方面提升数据信息管理能力，解决数据标准问题、数据质量问题、元数据管理问题和数据服务问题。

### （七）推荐算法

是指通过一些数学算法，利用用户的一些行为分析数据，推测出用户可能喜欢的东西，应用推荐算法比较好的地方主要是网络。

# 第二节　数据新闻的操作流程

数据新闻作为一种新型报道方式，随着数据获取更加便捷和可视化工具的普及，越来越多地成为日常新闻报道的一部分。数据新闻的操作手法并不神秘，除了要求具备新闻的基本要素外，还需要有数据支撑，为了让复杂枯燥的数据更容易被读者理解，需要使用一些可视化工具。笔者以两条数据新闻为例，介绍数据新闻的操作流程。数据新闻作为新闻的一种，首先应具备新闻价值。数据新闻不是数据的简单堆砌，也不是令人炫目的数据可视化，数据新闻最重要的，还是要用数据说明一件与公众密切相关的、重要的、新鲜的、有趣的事情。

数据新闻通常包含三个要素：新闻、数据、可视化。对于数据新闻的学习者来说，在掌握了基本的数据分析和可视化工具后，面对的最大问题就是如何寻找有价值的数据新闻选题。在确定选题之后，要去查找数据并对数据进行分析处理；然后是数据可视化，最后在所发现的数据结果基础上，用文字、信息图或视频等形式完成内容制作，再通过各种渠道让公众看到。这个内容生产链条上的各个环节缺一不可，但如果从重要性来讲，选题价值的判断更加重要，这也是一条数据新闻的开端。

**一、新闻选题**

寻找数据新闻选题的方法：一是从重大事件中寻找选题；二是在熟悉的领域寻找选题；三是多看数据新闻案例，举一反三；四是从政府公开信息中找寻灵感；五是从行业报告企业财报中寻找线索；六是从生活经验中找选题。笔者以最近指导学生完成的两个数据新闻作品为例，来介绍一下如何寻找数据新闻的选题。

2019年，笔者看到一条新闻，英国雅思考试提高考试报名费。伴随着近年来的留学热以及社会对英语能力的重视，国内参加雅思考试的人数持续上涨，雅思考试备受关注，雅思考试费用的上涨也牵动着考生的神经。雅思考试历年的考试费用情况如何；雅思考试在世界各国的考试费用是否有差异，这种差异有什么规律；中国每年有多少学生考雅思；中国学生每年为雅思考试贡献多少报名费；除了中国，英国每年从雅思考试上总共收益多少；这件事对中国有什么启发……当确定选题后，随之冒出一系列的问题，寻找问题的答案，就是一条数据新闻的开端。

这条新闻的选题满足新鲜性、接近性、趣味性等新闻价值，虽然很多人考雅思，但大家并不知道雅思考试背后的经济账。

另一个新闻线索来自一条娱乐新闻，2019年11月明星李小璐与贾乃亮离婚，网上流传一张盖了红印章的"联合声明"，两个红印章分别是"新沂亮闪天下影视文化工作室""新沂薪雨瑞璐影视文化工作室"。吸引作者注意的是，两个红印章上都有"新沂"二字。新沂在哪里？这个地方为什么吸引了两位明星前往注册公司？是否还有其他明星也在此注册公司？自2018年范冰冰逃税事件让远在新疆的霍尔果斯声名远扬后，明星在哪里注册公司这件事就变得既娱乐又严肃。这个新闻选题具有新鲜性、重要性、趣味性。事实上，在过去几年，一些地方政府出台了一系列优惠政策吸引明星和影视公司去当地注册，霍尔果斯、东阳、无锡等地都成为明星工作室扎堆注册的地方，但新沂尚不为多数人所知。2018年年底范冰冰逃税事件后，国家税务总局部署开展规范影视行业税收秩序工作，要求各地税务机关通知本地区影视制作公司、经纪公司、演艺公司、明星工作室等影视行业企业和高收入影视从业人员，根据税收征管法及其实施细则相关规定，对2016年以来的申报纳税情况进行自查自纠。这个娱乐选题的背后则是严肃的明星纳税问题。

**二、搜集数据**

初步确定选题后，接下来就是要搜集资料数据。除了查找数据外，还要搜集选题背景、相关政策、相关人物和事件的具体数据。此外，还要进行必要的采访，例如采访参加雅思考试的学生、雅思培训机构、税务专家，等等。后者与一般新闻报道操作相同，本文略去不表，重点讲如何查找数据。

数据有狭义和广义之分。狭义的数据指数字，无论大小正负，都是数字。广义的数据则包括一切可以数字化的信息，如文字、图片、视频，等等。数据可分为结构化数据和非结构化数据。一张成绩单就是一个结构化数据，一个班有多少学生，每人多少分，成绩分布如何，都可以通过成绩单得出。一张图片是一个非结构化的数据，但10万张图片放在一个资料库里并加以分类说明，就是一个结构化的数据。一首歌的歌词不是数据，但热歌榜上连续两周的所有热歌歌词放在一起，就可以计算出词频，进而发现年轻人最喜欢的歌曲到底都在唱什么、反映了怎样的情绪等等。非结构化的数据，通过各类分析工具，可以转换为结构化数据，而结构化的数据，就可以使用各种可视化工具进行呈现。

### （一）雅思选题

首先要提出问题，围绕问题确定文章结构，查找数据。这篇文章要回答以下几个问题：中国人为什么考雅思？都是为了出国留学吗？考雅思还有其他用途吗？近年雅思考试费如何？每年有多少人考雅思？各个国家和地区雅思考试费一样吗？如果搜集不齐所有国家和地区，那么可否缩小范围，只查找部分国家和地区的雅思考试费？如何确定收窄但又有代表性的数据范围？如果各国考试费不一样，那么是否越富裕的地方雅思考试费越高？如果不是，那又是为什么？为什么很多人会多次考雅思？为了考雅思，考生还要花哪些钱？与雅思相比，中国对外国人的汉语考试收费如何？雅思考试费带给我们什么启示？

围绕这些问题，分配人手开始查找数据。不是所有的问题都能在一个完整的表格里找到数据，这些数据可能分散在各个地方，需要耐心查找，同时有些数据要进行交叉验证，防止数据错误。在操作过程中，首先查找官方权威数据源，雅思考试由英国文化教育协会主办，在该协会网站上有大量关于雅思考试的资料，既可以找到中国内地近年的考试费用情况，也可以查到部分国家和地区最新的雅思考试费用情况。经过比较，我们选取了中国内地、中国香港、中国台湾，泰国、越南、马来西亚、韩国以及欧洲的德国作为比较。调查发现，中国内地近年雅思考试费用逐年提高，2020年中国内地雅思考试在所比较的8个国家和地区中价格最高，为人民币2020元，中国香港和德国次之，分别为1816元和1712元。马来西亚雅思考试最便宜，只要1345元，和中国内地相差近1000元。

在雅思考试人数方面，英国文化教育协会只公布了全球每年有350万人考雅思，并没有公布各个国家和地区的具体数据。我们联络英国文化教育协会，对方表示无法提供相关服务。于是我们转换思路，在教育部网站上查到中国留学英国的学生人数和出国（境）留学的总人数。赴英留学的考生至少会考一次雅思，而到世界其他国家或地区留学，尤其是英联邦国家和地区，如加拿大、澳大利亚、新西兰等，考生也会考雅思。由此，我们倒推出了2018年中国人支付的雅思考试费总数的估计值。由于很多学生为获取高分会多次考雅思，因此这个估计值只能是最低值。除了考试费外，考雅思的人多数还会参加雅思培训，这方面的花费要比考试费高得多。我们采访了两个考过雅思的学生，同时参考了环球雅思2019年第三季度的课程报价，发现即使最保守估计，每个考生在雅思培训上的平均花销也在1万元左右。按照中国内地每年10万人考雅思估算，如果每人参加一次雅思培训，那么仅在雅思培训上的花销就高达10亿元。这个例子说明，获取权威准确的数据并不容易，有时候，需要另辟蹊径想办法。调查完雅思考试的数据后，我们联想到中国对外国人的汉语考试收费。在几所招收留学生的大学网站上，我们查到了相关数据，发现收费标准一致。这从一个侧面说明，中国对外国人的汉语考试收费执行统一标准。与雅思考试相比，汉语水平考试费用相当便宜，即使针对像美国、韩国这样的发达国家学生，汉语考试费也只是雅思考试的四分之一，而对一些发展中国家如巴基斯坦，考试费更低。这从侧面反映出，中国教育在国际上的整体软实力，还有进一步提升的空间。

**（二）新沂选题**

查找这篇文章的数据主要使用了工商信息查询平台"天眼查"，利用天眼查，可以搜索各类企业工商信息，例如公司注册信息、公司背景、经营风险、司法风险等。在注册信息中，可以查到公司注册地、股权情况、实控人等相关信息。我们查找了新沂所有的文化、体育和娱乐业企业，截至2019年12月，一共找到1963条信息，这些企业中，有多少是明星艺人开办的，只能用人工去筛选。虽然计算机技术越来越先进，但有些工作还得人工操作，比如识别哪些是明星艺人。通过仔细筛选，一共发现在新沂开公司的影视演员335人，导演/制片人58人，知名主持人9人，体育明星5人，配音演员4人。通过数据分析，可以发现很多明星在新沂开了不止一家公司，最多的开了4家，同时注册资本都不高，少则1万，多则几十万，这些公司最早于2015年注册，2017年和2018年最多，2019年没有新公司注册。

这么一个不通高铁、没有机场的小县城，是如何吸引到这么多大明星的？我们尝试在当地政府网站查找资料，没有找到任何有价值的线索。通过分析这些企业的注册地点，我们派人前往当地一个高新园进行调查，这个上百明星作为公司注册地址的高新园，里边冷冷清清，没有公司运作的迹象。这条新闻不能算是一条成功的数据新闻，因为我们只发现了现象，最终并没有找到答案。不过，根据所发现的现象，可以看出 2018 年国家税务总局规范影视行业税收秩序工作产生了一定的效果，2019 年新沂没有出现新增明星公司。

### 三、信息可视化

初学数据新闻的人，通常会认为掌握可视化技能是最重要的，但当掌握了初步的工具和基本的技能，就会发现，其实选题和数据更为重要。可视化技能就像烹饪工具，而选题和数据就像原材料，没有后者，厨师就无法做菜，正所谓巧妇难为无米之炊。

随着技术的进步，各种在线平台纷纷推出数据可视化工具，例如花火 Hanabi、镝数、图表秀、Tab-leau、BDP，等等，使用这些工具不需要掌握代码，只需要按逻辑导入数据，就可以一键生成各种形式的图片。当然，模板式的工具虽然简单易用，但受到的限制也比较多，比如只能下载 .jpg 或 .png 格式的图片，无法进行二次编辑。有的平台如 Hanabi 允许下载可以编辑的 .svg 文件，使用 Ai 等矢量图绘图软件，可以对 .svg 图形进行进一步设计。

在移动端发布内容，制作可视化图形时要特别注意移动端的适配性。通常人们在电脑端进行操作，由于显示屏较大，在操作时容易让人忘掉移动端的特点，做出来的图形放到手机上浏览，会发现字体太小、看不清楚。另外，电脑端显示屏是横屏，手机是小屏竖屏，因此在移动适配的前提下，柱形图要改成横条图。这些操作并不难，但关键是制作者要有用户意识，处处考虑用户的体验。制作可视化图形，选择统一的主题色以及合适的图表类型也非常关键①。

### 四、文本标题和发布平台

数据新闻的形式很多，最初以长条图取胜，但由于长条图包含的信

①刘阳. 数字化视角下数据新闻的传播策略[J]. 新闻文化建设,2023(5):82-84.

息有限，其后多采取"文字+图片"的形式，也有 H5 互动式的数据新闻，通常在全国两会、港珠澳大桥通车等这样的重大报道选题中使用。近年，随着数据可视化视频技术的发展，像艾迪普 iArtist 这样的工具亦可以让数据视频化变得相对简单。一个好的数据新闻，首先应该具有新闻价值，通过数据挖掘，发现不为人知的新鲜事。新闻需要讲述，文字必不可少。传统的新闻写作要求严谨，新媒体写作文风可以相对活泼，特别是娱乐性强的稿件，允许适度的插科打诨，但文中所涉及的事实必须严谨，不容有误。

完成一个数据新闻选题，不亚于做一个行业调查报告，需要具备问题意识、采访沟通能力、数据获取与分析能力、写作能力、审美鉴赏能力。数据新闻完成后，如何拟一个有趣的吸引人的标题也非常重要，《中国人一年花多少钱考雅思》一文原标题为《中国撑起了雅思的半边天?》，但原标题中"撑起半边天"的表述缺乏事实依据，不够准确也没有体现"雅思考试费用"这一主要关注点。最后，作者将标题调整为《中国人一年花多少钱考雅思》。选取这一标题，一是标题能够体现本文核心内容；二是该标题非常口语化，能够抓住读者的眼球。该文发表后，被众多雅思培训机构转载。明星新沂开公司的数据新闻，最初拟的标题是《明星也有省钱之道》，但这个标题不准确、不醒目、不吸引人，因为数据并没有证明艺人到小城开公司"省钱"，几经修改，后确定为《霍尔果斯之后，又一个明星扎堆开公司的 N 线小城》。这个标题比较客观，只是描述现象提及霍尔果斯是给读者以联想，结果由读者自己去判断。上述作品完成后，通常先发在内部平台上，浏览检查内容是否存在问题，同时在移动端检查制图是否适配。确定无误后，再在多个平台发布。

目前，国内与数据新闻有关的生态大约分成两大类：一是内容型，包括专业媒体、机构媒体、自媒体、校园媒体、个体创作者；另一类是平台型，包括数据企业、可视化工具企业，以及各类组织等。在数据新闻内容型生态中，有内容生产、代加工、平台服务、智库几种类型。内容生产以新京报"图个明白"、网易"数读"、澎湃"美数课"为代表；

代加工以数可视为代表，作为专业的内容生产团队，数可视与多家专业媒体建立合作关系，承接大型项目，同时数可视也拓展了在线可视化工具平台；平台服务以澎湃新闻的湃客栏目"有数"为代表，截至2019年8月，有91支数据新闻和信息可视化团队入驻该平台。数据新闻因为涉及数据抓取分析、新闻采访写作、可视化制作，通常需要团队合作。目前很多数据新闻选题更像是一个小型的研究团队，不但要有媒体从业者对热点的敏感度，更要能沉下心来研究各类枯燥的数据，并将其转化为有趣易懂的话术和图表。

# 第三节　数据新闻的理论研究与实践探索

大数据时代，数据已经渗透当今世界的各行各业和业务职能的领域，成为重要的生产因素，新闻行业就是其中的典型。近几年来，数据新闻（datajournalism）作为一种跨学科、跨领域的新闻生产方式已经悄然风靡全球，它又被称为数据驱动新闻（data-drivenjournalism），是媒体应对大数据时代的关键变革和重要举措。国外的一些主流媒体大报，如英国《卫报》、美国《纽约时报》是数据新闻领域的领头羊，国内的新华网、网易新闻等主流媒体也进行了数据新闻的实践。总的来说，数据新闻作为新闻界的"新宠"将开创出全新的发展局面，它也将成为信息时代新闻生产的主流。本节主要对国内外数据新闻的理论研究和实践探索作一个系统性的梳理，通过国内外学术界和业界对数据新闻的研究实践对比，来呈现出当前数据新闻基本的发展现状，以期为数据新闻的研究和实践提供一定的参考。

## 一、数据新闻的理论研究

虽然数据新闻早在1821年5月5日的英国《卫报》上就已付诸实践，但是学术界、业界关于它的研究却迟迟没有开始，直到近几年，特别是2014年以来，数据新闻的研究才突然兴起并且涌现出大量的研究成果。

这些研究成果填补了数据新闻研究史上的空白，但是从研究深度和系统性上来说还远远不足。

关于数据新闻的研究，国外学术界在2010年举办了第一次国际性的"圆桌会议"；2011年，在欧洲新闻学中心和开放知识基金会的倡导下，《卫报》、《纽约时报》、《华盛顿邮报》、《金融时报》、BBC等，以及芬兰、澳大利亚、阿根廷等国的资深记者共同编写了《数据新闻手册》，该手册是数据新闻研究的开山之作，书中对数据新闻的定义、意义、生产流程及个案分析进行了详尽的解释和梳理；2012年，由全球编辑网发起和组织设置了数据新闻奖，用以奖励表彰数据新闻领域优秀的作品和个人，同时也为研究和推动数据新闻的发展提供了优秀案例。此外，《卫报》、《纽约时报》、BBC的数据新闻编辑也不断地在自己的博客上发布制作数据新闻的方法、工具、技巧等。在国外的高校教育或者职业培训中，他们早就开设了数据新闻的相关课程，而且针对数据新闻的特点，还辅助开设了一些计算机、统计学、社会学等课程。比如：职业培训（NICAR）自1989年就向全球记者提供计算机辅助报道的培训；斯坦福大学也给2014—2015学年的新闻系学生增加了数据新闻方向；还有一些免费公开的MOOC，如美国西北大学的KnightLab推出的数据新闻入门课和由业界专家主讲推出的可视化课程等。

我国学术界对数据新闻的认知和重视大致始于2013年，关于它的研究成果基本上也都是近两年才迅速激增的，这一点我们可以从中国知网的文献总量上看出：2012年（1）、2013年（20）、2014年（91）、2015年（122），而喻国明、方洁、史安斌、彭兰、骆正林、陈昌凤、王斌、匡文波、钟瑛等学者对数据新闻的研究起到了巨大的推动和引领作用。众多研究机构在"数据新闻"领域成果斐然，比如中国人民大学新闻学院、清华大学新闻与传播学院、中国传媒大学电视与新闻学院等。其中，关于数据新闻的经典论文有喻国明的《从精确新闻到大数据新闻——关于大数据新闻的前世今生》、史安斌的《"数据新闻学"的发展路径与前景》、方洁的《全球视野下的"数据新闻"：理念与实践》、陈昌凤的《数据新闻及其结构化：构建图式信息—以华盛顿邮报的地图新闻为例》、王斌的《大数据与新闻理念创新—以全球首届"数据新闻奖"为例》、章戈浩的《作为开放新闻的数据新闻——英国〈卫报〉的数据新闻实践》，等等。

另外，通过整理分析大量的研究成果，我们发现国内学者的研究视角有很多种，具体的有：对数据新闻这种新的报道模式的研究介绍，如《大数据与新闻理念创新——以全球首届"数据新闻奖"为例》；对数据新闻呈现形式的研究，如《作为开放新闻的数据新闻——英国〈卫报〉的数据新闻实践》；对数据新闻记者和编辑等新闻工作人员的能力要求的研究，如《可视化数据新闻：记者角色的新转换》；对数据新闻实践情况的研究，如《网络数据新闻的现状与发展对策——以网易、新浪和搜狐数据新闻为例》等。除了论文成果外，国内还出版了好几本数据新闻的专著，如《数据新闻概论》《数据新闻大趋势：释放可视化报道的力量》《数据新闻设计》等。从我国高校的新闻教育情况来看，目前我国高校尚未开设专门的数据新闻课程，仅有部分院系开设了与之相关的业务教学课程，但是这些课程也大多是效法国外，并没有系统性全面性地进行课程教学。

## 二、数据新闻的实践探索

从数据新闻的实践情况来看，国外新闻媒体是数据新闻主要的实践先锋，其中《卫报》、BBC、《纽约时报》、《华盛顿邮报》、《华尔街日报》等大型主流媒体是最早一批涉足数据新闻领域的传统媒体，而且它们在不断地实践和探索中都获得了较好的成绩，无论是在数据新闻的报道方式还是报道理念上，都已得到业界和学术界的充分认可和赞成，并且数据新闻领域的国际奖项几乎都被它们所包揽，如2012年首届"数据新闻奖"中的"用数据可视化讲述新闻故事"的奖项就被《卫报》在伦敦骚乱事件中的那篇报道所获得。这里我们就以最具代表性的英国《卫报》为例，对其数据新闻的实践情况给予介绍和分析①。

英国《卫报》有着近200年的历史，最早创刊是在1821年，它的前身叫作《曼彻斯特卫报》。它本是一家地方报，但目前却是英国排名第

---

① 韩明芳. 真实性视域下数据新闻的困境研究[J]. 视听, 2023(2):147-150.

二的全国性综合日报，也是一家全球性的新闻媒体。它与各国新闻媒体进行合作，建立了自己的分部，也推出了不同语言的版本，其中，中文版《卫报》是在2009年正式推出的。《卫报》对于数据新闻的正式探索也始于2009年，它在其官方网站上开设了专门用以报道数据新闻的"数据博客"（dateblog），这可谓数据新闻发展的一个重要里程碑。

"数据博客"自开设之日起，已制作发布各类数据新闻多达几千则，报道范围从国内到国际，报道涵盖政治、商业、文化、健康、科技、体育、教育、战争、旅游、环境、时尚等不同领域，报道形式主要有静态图表、交互式图表、地图以及各种互动效果图，报道的数据类型既有量化数据也有质性数据，还有两者兼顾的混合数据。此外，数据博客还为每一篇数据新闻标明了数据来源并且提供了下载链接，供读者免费下载使用；它还设有互动的评论栏，读者可以对所读的数据新闻进行直接评论或者回复他人评论，也可对所读新闻向编辑提出质疑和建议。同时，它还具有分享功能，读者可以一键分享至Facebook、Twitter等社交媒体中。除了给读者提供数据新闻的报道外，《卫报》还向读者介绍和推广数据新闻，并提供了数据新闻的生产制作流程和具体方法，以及免费的数据处理工具和软件，这也就是通过向用户众包来生产数据新闻的创新方式。另外，它还设立了"数据商店"（datestore），向用户开放了数据的链接和搜索，这其中有着大量的数据资料，可供用户任意检索和查验。

虽然我国对数据新闻的研究情况远不如国外，但是我国数据新闻的实践却几乎是与国外同步而行的。究其原因，主要是因为在新媒体迅速发展的冲击下，我国传统新闻媒体与世界各国传统媒体一样，都陷入近乎停滞的严冬期，并且对自己的未来发展充满了迷茫，而数据新闻作为一个新兴领域就成为各类媒体大肆追捧的对象。传统媒体试图以数据新闻为突破口，增长拓宽自己的业务点，以求重新获得原有的行业地位。

我国国内进行数据新闻实践成效较好的媒体主要有网易、新华网等，网易的"数读"栏目和新华网的"数据新闻"栏目就相当于英国《卫报》的"dateblog"栏目，它们同样设有类似的栏目领域，比如网易的

"数读"设有"国际""经济""政治""民生""社会""环境"等栏目，而新华网的"数据新闻"则设有"时政""财经""国际""社会""科普""感悟""交互"等栏目。值得一提的是，新华网的"数据新闻"首页设有"信息图""图文互动""专题""PC互动""手机互动"等不同类型的栏目，以供用户根据自身所有的媒介类型和喜好进行自由选择阅读，这就体现了网站的人性化设计和以用户为中心的服务理念。当然，它们也有各自的评论栏、分享链接以供读者自由评论和分享。然而，它们却很少像《卫报》那样给用户提供数据的下载链接，也没有为用户介绍数据新闻的制作方法和工具，因此，众包式的数据新闻生产也很难被付诸实践。

此外，作为以报纸经营为主的新闻媒体《华西都市报》也于2014年推出了数据新闻，并设有"华西数据"题花。它的数据新闻编辑团队大多是由精通绘画、设计等技能的专业制图人员组成，在数据新闻的生产流程中，编辑将制图思想传递给制图人员，制图人员接收到相关信息后将数据制成信息图表。通过这种方式生产出来的数据新闻备受争议，因为它的生产制作人员虽然在很大程度上具备了数据新闻生产的专业技能，但是他们最致命的劣势就是没有丝毫的新闻素养，一个不懂新闻的人生产出来的新闻总会有些瑕疵与不足。这也反映出当前处于严冬期的新闻媒体的竞争是何等的激烈，媒体行业为了能求得一线生机，已经疯狂地向数据新闻领域进军，即便自身并不具备生产数据新闻的能力。

总的来说，数据新闻在国内外已经被如火如荼地付诸实践，在其实践发展的过程中，必然会遇到大大小小的问题，这些问题将有待于我们进一步探索和研究。

## 第四节　数据新闻的创新发展

2010年，英国《卫报》和美国《纽约时报》最早开始了制作数据新闻的尝试,《华盛顿邮报》、BBC等也都相继加入开发数据新闻的行列。我国于2011年开始对数据新闻进行探索,搜狐推出的"数字之道"是我国最早出现的数据新闻栏目,新浪、网易、腾讯等也紧随其后开设了数据新闻板块。国内的数据新闻相较于《卫报》等国外媒体也有很多自己的创新之处。

## 一、数据新闻存在的问题

国内数据新闻发展至今,各数据新闻团队一直在对数据新闻的实践进行创新,但一些不足也在这一过程中浮现出来,这些不足在不同程度上体现出国内数据新闻媒体或平台在进行报道时常见的共性问题。

### (一)数据引用可更严谨

数据是数据新闻的充分必要条件,所引数据的质量也决定着数据新闻的质量。国内数据新闻所引用的数据来源多样且复杂,在被引用的过程中也存在着数据来源模糊、数据时效性偏低和数据验证性不足等问题。

#### 1.数据来源模糊

国内各大数据新闻媒体或平台在相关新闻底部对大部分所引用数据标注了数据来源,但这一举措略显简单,因为并非每个数据新闻都提供了相关数据原始数据的查询、下载的链接或方式,这种原始数据来源的缺失使得数据的可信度有所不足。网易"数读"栏目在对期刊数据进行引用时较为规范,标注了详细明确的页数,但在对政府或行业报告进行引用时只简单标注了报告名称,疏漏了对具体页数的标注,并缺少对来源机构背景的调查及其所用样本的说明,这增加了读者对原始数据的查证难度,这也说明国内数据新闻在数据引用方面仍缺少"标准"。

随着通过固定程序从公开信息中抓取数据的数据搜集形式的出现,国内各大数据新闻媒体或平台也开始热衷利用"爬虫"等技术手段在知乎、微博、豆瓣等国内较为知名的社会化媒体中爬取一定数据。如数据新闻《大学每月生活费4500,要多了吗》就爬取了知乎问题"大学生生活费多少够用"下的1016个回答数据,但是其只公布了对爬取数据筛选后的结果，未公开初始数据、筛选标准、处理模型等信息。

2.数据时效性低

在国内数据新闻中，部分数据新闻中的数据是来自数年或十数年之前的，对当前阶段的现实参考意义符合性偏低。例如，在2019年11月23日发布的《中国肥胖地图出炉，哪个省的人腰更粗》中，部分新闻数据来源于中国疾病预防控制中心慢性非传染性疾病预防控制中心王丽敏团队于2019年10月发表在期刊《内科学年鉴》的论文《中国成人肥胖患病率的地理差异：来自2013—2014的全国慢性病和危险因素监测的结果》，该论文虽然发表于2019年，但其中所用的研究数据却是2013—2014年的。时效性是新闻价值之一，对于数据新闻而言也是重要的价值标准，因此在数据新闻制作过程中以时效性欠缺的数据源作为基础而生产的数据新闻，其可信度也相对有限。

3.数据验证性不足

在网易"数读"栏目网页版2012年1月1日至2019年12月31日的377篇数据新闻中，未标明数据来源的共43篇（占比11.4%），标明数据来源的共334篇（占比88.6%），其中含有一个数据来源的数据新闻共255篇（占比67.6%），含有两个数据来源的数据新闻共56篇（占比14.9%），含有三个及以上数据来源的数据新闻共23篇（占比6.1%）。

在数据来源类型方面，样本中数据源自国外的共165篇（占比43.8%），源自网络的共94篇（占比24.9%），源自政府机构的共52篇（占比13.8%），源自学术机构的共20篇（占比5.3%），源自民间机构的共26篇（占比6.9%），自主调查得来的共35篇（占比9.3%），未标明数据来源的共43篇（占比11.4%）。

数据新闻所引数据的可信度与数据来源的机构单位息息相关，甚至可以说数据可信度最重要的依据是数据来源的机构单位。按照数据可信度从高到低的次序，数据可以依次分为法律性数据、研究性数据、第三方数据、利益相关方数据和随机数据。而在网易"数读"栏目中，样本中的法律性数据和研究性数据均来自政府机构和学术机构，占比19.1%（共72篇）。

为了保证新闻的客观性，数据应该从多个不同的机构选择。单一的数据来源只能提供片面性的参考，而且其中的数据也缺少交叉性的验证。但在网易"数读"栏目中，样本中含有两个及以上数据来源的数据新闻只占总数的21%（共79篇）。

可见，国内数据新闻所引数据的可信度及验证性都有着不小的提升空间，而数据的验证性不足对数据的可信度也会产生一定的负面影响。

**（二）数据处理表面化**

在国内数据新闻中，动态图表类型占比过低。尽管国内数据新闻对时间轴等特殊静态图表类型进行了一系列创新，同时也尝试运用了动态图像与H5元素，但其对数据的分析方式及最终呈现路径的选择仍然存在不足。

1.数据处理止于归纳

在国内数据新闻的生产过程中，挖掘数据这一步骤过于简单甚至是缺失。根本原因在于其数据来源大都为第三方，这些第三方数据在被获取前就已经经过了分析处理，数据新闻媒体或平台只需稍作归纳并进行一定程度的可视化处理便能生成一篇完整的数据新闻。国内数据新闻媒体或平台也大都是如此处理。

2.预测性报道缺失

数据新闻的最终呈现结果有两种表达路径。第一种表达路径是，通过分析已有数据对其含义甚至变化原因进行解释，满足受众对复杂数据的求知需求。第二种表达路径是，以已有数据为起始点，通过分析其中规律预测未来的发展趋势，为某一行业或某一事物的下一步发展方向提供重要参考。

在所选择的377个样本中，具有针对性的预测性报道数量偏少，指导意义也偏弱。例如，在数据新闻《人口流失、生育率低，多省面临后继无人》中，网易"数读"栏目依据国家统计局第六次全国人口普查的数据预测湖南、湖北、广西、贵州、山东等劳务输出大省老龄化问题将提前爆发。这则新闻看似是对人口老龄化问题进行了预测，但其实它只给出了一个结论，缺少实质性的分析，以致参考意义不足。可见，其与真正的预测性报道仍有一定差距。

**（三）报道类型失衡化**

国内数据新闻选题广泛，但策划性不强，多样性亦显不足，其内容报道大体存在两种偏向：地域性偏向和接近性偏向。

1.过于关注国际事件

在所选的377篇数据新闻中，涉及国内的数据新闻共计197篇（占比52%），与国际相关的数据新闻共计180篇（占比48%）。不管是从篇数还是比重看，与国际相关的数据新闻在满足关注国际事件的这部分受众的需求方面稍显过量。数据新闻是一个非垂直类的新闻类型，这样的选题行为一方面与自身特点不符，另一方面无法贴合关注国内新闻话题的受众的需求。因此在选题的地域分布上，国内数据新闻媒体或平台应予重视。

2.涉及国内的报道接近性偏向严重

在197篇涉及国内的数据新闻中，社会民生类共148篇（占比75.1%），经济类共23篇（占比11.7%），环境类共9篇（占比4.6%），其他类共17篇（占比8.6%）。可见，国内数据新闻媒体或平台在国内新闻的选题方面偏重社会民生。之所以如此，恐怕是因为：一方面，此类选题与受众生活相关，接近性明显；另一方面，在政府机构及其他机构所公布的数据中，与社会民生相关的数据较多，获取难度较低。这或许在一定程度上可以说明，国内数据新闻媒体或平台存在数据决定选题的倾向。

3.体育与文化类型选题偏少

在所选的样本中，体育和文化类数据新闻占比极低，其中，体育类数据新闻只有1篇，即2012年2月15日发布的《林书豪出成绩并非侥幸，有25%概率成为超级巨星》，文化类数据新闻也只有1篇，即2012年12月10日发布的《霸气美国人垄断诺贝尔奖》。原因大概有三。第一，外部数据环境缺少体育与文化类的数据资源，使得"巧妇难为无米之炊"。第二，体育与文化类数据的处理形式难以丰富。体育类数据主要集中在参赛人数、历年奖牌、运动员个人情况等方面，文化类数据更是单一地围绕在诺贝尔奖周围。第三，各种体育赛事举办的频次较高，体育类数据更新极快，而与之相反，文化类行业新闻素材出现的频次较低，相关数据资源和可供选择的选题都相应较少。这三个原因使得体育与文化类数据新闻制作难度变高，以致最终造成国内数据新闻在体育与文化方面的缺失。

## 二、数据新闻的创新发展

### （一）双向传播的运用

传统媒体的新闻为单向传播，新媒体出现后，受众的阅读量、点击量、评论等信息都会成为媒体搜集的重点内容，数据新闻更是如此，对于以上数据的统计更加细化。这就便于媒体了解掌握用户的新闻喜好与对每个事件的看法等信息，从而对数据新闻生产进行适时调整，双向传播的运用使数据新闻传播更具有时效性和针对性。

从搜狐的"数字之道"、网易的"数读"和新浪的"图解天下"近几年的新闻主题变化，我们可以看出双向传播的作用。在 2012 年数据新闻实践初期，各个数据新闻栏目都以政治、经济议题为重，并逐步增长。到了 2014 年，这两个议题出现下降趋势，政治议题从 77 篇下降到 7 篇。与此同时，医药卫生、教育、文化等主题呈快速上升趋势，其中，文化类主题新闻增长率为 150%，医药卫生主题增长率为 55%。

国外数据新闻最早也是侧重于政治经济，选举、国际事件、股市等主题占据大部分篇幅。而国内的数据新闻主题变化较快，根据受众的反馈，大家比较关心的新闻主题大幅度增加。如网易"数读"2014 年发布的《计生政策使人口转型提前，加剧中国发展压力》、新浪在 2018 年 7 月发布的《一图看懂长春长生疫苗造假事件》，这些与人们息息相关的话题被数据可视化呈现出来，足以引起受众的兴趣和社会的关注[1]。

---

[1]王利平，张玲．数据新闻传播策略研究——以抗疫新闻为例[J]．新闻世界，2023(2)：20-23.

### （二）可视化元素的运用

可视化是数据新闻的典型特征，也是数据新闻与传统新闻之间的最大差异。数据新闻运用可视化元素可以将一系列晦涩的数据具象化与清晰化，相较于传统新闻更易于帮助受众了解新闻内容。国内数据新闻媒体或平台对可视化元素的运用主要以静态图表为主，基本图表类型有圆饼图、直方图、折线图、散点图等，特殊图表类型有时间轴、气泡图、关系图、信息图、数据地图等。网易"数读"栏目不仅对静态图表进行了一系列创新，还加入了少量动态图表。

#### 1.时间轴元素的创新

时间轴是将某一类或者某几类事件通过时间顺序进行串联所形成的一种较为完整的图文呈现。对于时间跨度较大的新闻事件，传统媒体很难梳理出完整、清晰的发展脉络，时间轴元素则在很大程度上可以弥补传统媒体在这方面的不足。

网易"数读"栏目在使用时间轴时往往不是孤立的，而是将其与其他特殊图表类型结合起来，这样就产生一些创新的可视化呈现方式。如网易"数读"栏目在其数据新闻《韩国的承诺：我为"敌军"找遗骸、建墓地》中创新性地将时间轴与信息地图结合使用，时间轴展现了历年来发掘出的遗体数量，信息图则让受众对各地区所发现的遗体数量一目了然。再如，网易"数读"栏目在另一篇数据新闻《数据泄露：政府、金融、零售网站最危险》中将时间轴与气泡图结合起来，不仅详细列举2013—2014年全球范围内各大公司的泄密事件，而且用气泡图表示泄密数据的数量，并将泄密数量与气泡大小设成正相关关系；这使该报道呈现出较强的视觉感。

#### 2. 动态可视化的创新

除了被广泛使用的静态图表外，数据新闻的可视化手段还包括动态图表，较为常见的动态图表有动态时间轴、动态数据地图、交互式图表、三维演示等。网易"数读"栏目在这一方面另辟蹊径，在其知乎专栏数据新闻《一百年前，我们都只有一米五》中进行了动态图像的尝试。该篇数据新闻运用视频形式展示了1975—2014年男、女身高体重上的变化趋势，这使该篇数据新闻在趣味性上有了进一步提升。

**（三）社会化媒体的运用**

此处所谈的社会化媒体主要指的是微信公众平台。网易"数读"栏目于 2015 年 6 月 15 日上线微信公众号平台，只意在扩大自身的传播范围，并未考虑微信公众平台的特色，因此网易"数读"栏目前期在该平台上所推送的内容基本是对其网页版的直接转录。而随着对数据新闻实践的不断探索，网易"数读"栏目在其微信公众号平台上出现了一些创新。

1.图文组合式可视化形式

在国内，大部分数据新闻媒体或平台在微信公众平台上推送的方式为图解式报道，即用一张长图表示内容，辅以少量文字或不加任何文字。网易"数读"栏目在微信公众平台上推送的内容报道形式却大不相同：除数据可视化处理后的图片或图表外，对内容进行评论的文字同样是推送重点，有时其比重甚至超过图表。

图解式数据新闻的最大优点是能够让受众快速把握新闻重点，但其缺点是图片本身的尺寸存在限制，无法配载过多文字，在这种情况下，要想对一些重要数据进行解释就只能以简短的文字进行甚至无法进行。网易"数读"栏目在微信公众平台上实践的图文组合式报道则很好地保留了图解式新闻的优点，并在很大程度上弥补了其缺点，是对数据新闻报道形式的一种创新。

2.多媒体可视化形式

除了创新式的图文并举的可视化形式，网易"数读"栏目在其微信公众平台上还特别设置了 H5 数据新闻专题，截至 2020 年 2 月该专题已发布 29 篇报道。H5 使数据新闻中的数据更加动态化，其表现形式也与受众尤其是年轻受众贴近。例如，2016 年 4 月 22 日网易"数读"栏目在微信公众平台上推送了一篇内嵌 H5 的数据新闻《今天的你，还吃的起猪肉和蔬菜吗》，此篇数据新闻以 H5 的形式由猪肉与蔬菜价格上涨引出 2015 年 11 月至 2016 年 3 月的国民消费者价格指数权重下调趋势，并在尾页设置了具有趣味性的转发按钮，这提高了社会化媒体的社交属性利用度，使数据新闻形式更具互动性质。

### （四）用中国数据讲好中国故事

讲好中国故事是国内数据新闻的一大创新之处，这就对数据新闻的每一位制作者在专业素养方面提出了更高的要求。

网易"数读"栏目在2018年发布了111篇数据新闻，与我国相关的有100篇，其中数据来源也有超过60%来自国内数据源。由此可以看出，随着我国数据新闻实践的深入发展，用中国数据来讲述中国故事已经成为国内数据新闻的发展趋势，这也将会更加客观、全面地展示中国的实力和现状。

### （五）更加注重用户体验

随着技术的进步，媒体融合逐渐成为趋势和主流。新媒体更加注重用户体验并与之互动，数据新闻媒体同样重视与用户的互动。

与用户的互动方式一种是新闻的评论，但这种互动通常是单向的，数据新闻工作者搜集用户的反馈，为提升新闻质量提供参考信息。另一种互动方式是转发与分享，"数字之道"在初期可以转发至7个平台，如腾讯微博、新浪微博等，后增加到54个平台。"图解天下"可以转发至133个平台。随着手机用户增加和移动终端的不断开发，门户网站的数据新闻业务也发展到了手机客户端，开发了相应的App和开通了微信公众号，这使受众对新闻的评论和转发更加便捷，互动更加有效率。

# 第七章　全媒体记者的核心素养

## 第一节　全媒体记者概述

2014年8月18日，中央全面深化改革领导小组第四次会议审议通过《关于推动传统媒体和新兴媒体融合发展的指导意见》，习近平总书记明确提出"着力打造一批形态多样、手段先进、具有竞争力的新型主流媒体，建成几家拥有强大实力和传播力、公信力、影响力的新型媒体集团"。

随着我国数字技术的广泛运用和互联网传播的飞速发展，多种媒体融合已成为我国媒体发展的主流趋势与重要表征。2010年以来，全国共批准开办10家网络广播电视台。中国网络电视台着力开发多平台、多媒体、多终端新型节目形态，目前已拥有21个频道。中国广播网实现台网联动，创办了国内首份有声手机报《新闻和报纸摘要》。移动多媒体广播电视发展加快，已覆盖320个城市，拥有了一定的用户规模。IP电视、手机电视特别是互联网视听节目服务，在规范中快速发展，目前，全国共依法批准了594家互联网视听节目服务从业机构。

新媒体的发展与媒介融合的趋势需要相当数量的专业人才。媒体融合所催生的变革不仅给传媒业带来了新的机遇与挑战，对传媒专业人才的培育也提出了新的要求。优秀的新媒体人才应该是一专多能的复合型人才，除了需要掌握传统新闻专业技能，同时还应具备网络和多媒体应用等业务知识与技能。

据专家保守估计，未来3~5年内，新媒体人才和媒体融合人才的缺口在60万到80万人。新媒体人才急缺的岗位，不仅包括各传统媒体纷纷自建的网站，也包括发展快速的新闻门户网站、专业网站，还包括极具潜力的掌上媒体、金融机构电子信息服务平台等未来"新兴媒体"。新媒体在社会中的日益普及，呼唤着更多的新闻专业高级人才加入其中，探索新媒体的传播特点。

综上所述，目前的传媒行业，急需大量、优质、新型的传媒人才。因此，无论是为适应传媒行业发展的需求，还是为了满足地方经济发展的需要，各界都需要重视传媒人才的培养。

## 一、全媒体时代的发展历程

随着网络的发展和普及，网络已经成为国民日常生活的重要工具。而中国是世界上网络发展最快的国家之一，根据国家网信办统计显示，中国2019年互联网普及率达82.3%，有8.97亿网民，令人印象深刻，实现二次爆发式增长，到2023年3月，我国网民规模达到10.67亿，占世界互联网网民总数的40%以上，比2019年提高了10.9%。各种媒体相互渗透，全媒体的概念逐步明晰，很多媒体也开始提出"全媒体化"的战略目标，标志着全媒体时代已经开启。

最初，全媒体的概念在学术界并没被明确提出，它主要来自传媒界的应用层面。媒体形式的不断变化，媒体内容、功能的融合，使得人们在使用媒体的概念时需要意义更广阔的词语，至此，"全媒体"的概念开始被广泛应用，且目前已经成为学界思考、业界实践的重要命题。截至2018年3月，在中国知网以主题"全媒体"进行检索，可检索到

14000多条记录，在百度可找到相关结果1550多万个。从目前文献检索的全媒体研究来看，多是描述性的分析或个案式的追踪探讨，缺乏学理性的深层次研究①。

石长顺教授在《全媒体的概念建构与历史演进》一文中做了较为系统的研究。他从全媒体的概念建构与辨析入手，探寻中国全媒体的发展演进之路，即全媒体发展的初期孕育、全媒体发展的报业转型和全媒体发展的整体推进，并提出未来全媒体发展的关键在于全媒体的认知共识、制度建构、流程再造和全媒体人才培养。其中，他对全媒体的概念进行了梳理归类：

第一，报道体系说。该学说认为，全媒体是指一种业务运作的整体模式与策略，或者说是采用多种媒体手段和传播平台来构建的报道系统。这种报道不再是单一落点、单一形态和单一平台的，而是在多个传播平台上开展的多个落点、多种形态的报道体系。传统的报纸、广播、电视媒体及网络新媒体都是这个报道系统的整体组成部分。这一概念从新闻业务本体出发，落脚点放在全媒体形态的报道体系上，较好地概括了全媒体报道的模式和特征，但将其限定在媒体"报道"业务层面，略显偏狭。

第二，传播形态说。该学说认为全媒体是综合运用多种表现符号，如文字、图像、声音、光线等，全方位、立体化地展示传播内容，并通过多种传播手段传输的一种新型传播形态。或者说，全媒体是在传统和新兴媒体表现手段基础之上进行不同媒介形态之间的融合，进而产生质变后形成的一种新的传播形态。从本质上说，全媒体是指不同媒介类型之间的嫁接、转化和融合。其基本内涵主要表　现在以下方面：信息资源的多渠道采集、信息资源的统一加工、全方位多业务系统的支持、多渠道的资源共享。此概念将全媒体视为不同于以往的新型传播形态，强调了各种媒体间融合生产信息内容的立体传播状态，较全面地概括了全媒体传播的形态特征。

---

①胡瑾琼.全媒时代电视台记者的角色定位与采访策略研究[J].中文科技期刊数据库（全文版）社会科学,2022（10）:0107-0110.

第三，整合运用说。该观点在综合前人认识的基础上，从两个方面进行界定。广义的全媒体概念是指对媒介形态、媒介生产和传播的整合性应用。狭义界定，是指立足于现代传媒技术和媒体融合的传播观念，综合运用新兴媒体与传统媒体在媒介内容生产、传播渠道联通、运营模式统筹等方面的整合性实践。这一观点突出了全媒体更具宏观性的"整合应用"，将多因素囊括其中，但未清晰地概括出全媒体概念的内涵和外延。

通过梳理以上几种学说，有几个共同点可作为界定和理解全媒体的要点：一是全媒体发展的主体是传统媒体，这是其面对新媒体求生存发展的必由之路；二是发展整合多种媒介形态，而缺乏多种媒介形态间的统合协同，就构不成全媒体；三是实行多媒体分流传播，并根据媒体的不同分流生产出不同的媒体产品；四是作为一种新型的运行模式。

对于全媒体的起源，较为普遍的观点是，以2006年英国老牌报纸《每日电讯报》的全媒体改革之路为起点，随后，由《今日美国》在2008年开始尝试的产业链重构推进了全媒体的实践。在我国，全媒体转型最早可追溯到2007年，《广州日报》于当年6月成立滚动新闻部，专门针对报纸、手机和网站进行"联动发稿"。次年7月，经新闻出版总署批准试点的我国首家全媒体采编系统在烟台日报传媒集团正式上线运营，自此，报社记者的角色悄然转型，开始以全媒体记者的身份向多个媒体终端——传统报纸、手机报、多媒体数字报、电子移动报和户外大视屏等发布信息。2009年1月，浙江宁波日报报业集团全媒体新闻部正式成立，它标志着我国第一个以全媒体命名的新媒体机构正式诞生。同年，南方报业集团也正式提出构建"南都全媒体集群"的理念。具体来说，中国全媒体的发展演进可以分为以下几个阶段：

**（一）孕育：全媒体发展的初期尝试**

中国全媒体的启程在21世纪初，从报业的跨媒体运营开始。特别是迅速兴起和普及的互联网，使报业的生存和发展受到极大冲击，乃至出现"报业寒冬论"。在此情形下，报业如何突围？传统报业纷纷开始思考拓展生存空间的问题，并开启跨媒体发展的探索之路。2001 年，《沈阳日报》的改革探索可看作我国报业最早的全媒体尝试。该报率先在国内实现采编网络化和管理一体化，并通过图文合一的采编建立起集各种传媒业务于一体的系统，为报社未来实现信息传播流程一体化开辟了新道路。

中国报业的跨媒体运营，从创办报纸网站开始，实施报网互动是其典型特征之一。报业网站建设，以 2000 年 10 月《人民日报》在其网络版基础上打造的人民网为起点，标志着报业开始跨向综合性新闻网站，在新闻业务上尝试不同于纸媒的内容生产。国内其他报纸也纷纷在人民网之后推出自己的新闻网站，自此，报纸与网络开始了报网业务联姻互动的尝试。这种互动一方面表现在每条报纸新闻的下面，都会用超链接方式转接提示相关的网络新闻；另一方面，网上点击较多的热点事件，也会成为报纸新闻的来源，而报纸新闻的重点稿件资源，又会被共享到网上做突出报道。报业跨媒体转型的另一探索是打造视频记者，这经历了一个从"视觉新闻"到"视频新闻"的变化过程。"视觉新闻"首先由上海《东方早报》发起，该报于 2003 年创刊伊始就明确提出了"新闻视觉化"的理念。视觉新闻最初就是强调在报道中大量使用新闻图片，包括占据大版面的大幅照片，甚至推行视觉化的新闻叙事，以争夺受众的眼球。后来《嘉兴日报》《南湖晚报》《南方日报》等媒体纷纷成立视觉新闻中心，尤其是《南方日报》视觉新闻中心将摄影记者、图片与视频编辑等人员进行整合。但此时的报业都还没有将视线转向视频领域，直到 2007 年《南方都市报》摄影部在报业首设视频记者岗位，国内报业的第一批视频记者随之诞生。《京华时报》《新京报》等报也紧随其后，开始探索推进视频记者岗位的专业化发展进程。

**（二）转型：全媒体发展的报业探索**

在报业跨媒体运营探索的同时，新闻出版总署报纸期刊出版管理司也于 2006 年 8 月 5 日开始组织实施"数字报业实验室计划"，这一计划旨在探索传统报纸向数字网络出版的转型，该计划在我国报业很快得以实施。同年12月20日，沈阳日报报业集团打造的国内首家全流程、全媒体数字报——《沈阳日报》《沈阳晚报》《沈阳今报》正式上线。与以前的数字报刊系统不同，在全流程、全媒体数字报刊平台上，该系统实现了从采集、生产制作、发布、交换、反馈到经营的一体化运营流程，增加了视频、动画、音频等多媒体元素，丰富了读者的阅读体验。

中国报业在经历跨媒体经营后，开始进入全媒体转型发展阶段，时间分割点大致在2007年，以《国家"十一五"时期文化发展规划纲要》《国家新闻出版业"十一五"发展规划》为标志，确立了"国家数字复合出版系统工程"发展规划，并规划了"全媒体资源服务平台""全媒体应用整合平台"和"全媒体经营管理技术支撑平台"等建设项目，这是中国官方第一次正式用文件提出"全媒体"的概念，并将其作为媒介发展方向。依然是2007年，新闻出版总署启动了全媒体数字采编发布系统工程建设项目，南方报业传媒集团、烟台日报传媒集团等成为我国"国家数字复合出版系统工程"第一批试点单位，这标志着我国报业系统全媒体转型重大工程建设的开始。

2008年3月，烟台日报传媒集团在优化产品生产流程、推动报业集团从报纸生产商向内容提供商转型的基础上，组建了全媒体新闻中心，探索全媒体数字采编发布运行系统，初步实现了一次采集、资源整合、多途径发布的数字化传播。宁波日报报业集团也于2009年成立了全媒体新闻部，并组建了基于手机报纸、手机电视的3G事业部，通过使用全媒体数字技术平台，实现了多媒体、即时的和互动的移动新闻播报。2009年6月上旬，该集团全媒体数字技术平台通过新闻出版总署的评审和验收，实现了全媒体综合性新闻内容生产体系的新运行模式。同年，南方报业传媒集团也提出向全媒体集团转型，首先实施南都全媒体集群战略，构建起了包括报刊、音频、视频、网络、手机报及户外LED等全媒体形态集群，向着"全媒体数字信息运营商和现代通讯社"转型。此外，南方报业旗下的《21世纪经济报道》与中央人民广播电台经济之声合作推出中国首家移动互联网电台；《广州日报》成立负责报纸与手机、网站等部门联动发稿的滚动新闻部；《人民日报》及人民网合力开创人民电视、人民播客、人民掘客、手机报、手机电视等原创互动型的系列全媒体；杭州日报报业集团实行报网合一并组建全媒体记者队伍等。在此时期，新华通讯社也在视频新闻领域取得实质性突破，不仅开通了新华视频新闻专线，还于2010年元旦和2010年7月1日分别开播了中国新华新闻电视网（CNC）华语、英语电视频道，开始走上全媒体通讯社之路。

### （三）风潮：全媒体发展的整体推进

在我国报业全媒体转型之时，广播电视业也不甘寂寞，继报业之后迅速跟上全媒体建构的潮流。2010年前后，中国网络电视台和央广广播电视网络台先后开播，标志着电视和广播媒体也开始向全媒体发展。2009年12月28日，中国网络电视台正式开播，这是我国视听新媒体发展的一个里程碑，也是我国电视行业介入全媒体建构的重要起点，它依托中央电视台向用户提供视频直播、上传、搜索、分享等服务，形成了以强大的视听互动为核心、融网络与电视特色于一体的多终端立体传播平台。我国省级网络广播电视台的"首张绿卡"——安徽网络广播电视台于2010年7月正式启动。随即黑龙江、湖北、江苏等省级网络广播电视台陆续开播，诸多市级网络广播电视台亦相继涌现。

深圳广电集团从2010年开始打造全媒体集群，整合全媒体力量，试图建成我国第一家提供一站式全媒体运营的平台，为客户提供一站式全媒体营销服务。浙江网络电视联盟则是浙江广电整合全省50多家广电媒体联合浙江在线新闻网站创办的，初步形成了浙江地方广电视频网站集群。由杭州文化广播电视集团、浙江广播电视集团等多家单位投资组建的杭州华数数字电视公司，专注于以互动、融合为特色的全媒体业务，在全国三网融合领域产生较大影响。华夏传媒集团公司与深圳广播电影电视集团等40多家城市媒体共同打造的城市联合网络电视台，实施跨媒体和多终端的节目营销，已覆盖全国22个省市近8亿用户。

广播媒体的全媒体探索，始于2010年8月中国国际广播电台开办的中国广播电视网络台（CIBN）。该台拥有61个传播语种、全业务媒体形态和新媒体国际传播平台，以向世界介绍中国、向中国介绍世界、向世界报道世界为宗旨，向全球受众提供综合信息服务。紧随其后，中央人民广播电台也于同年9月获准建立央广广播电视网络台，这是我国国家级网络广播电视台，是继中国网络电视台之后又一个以网络视听节目传播及互动服务为核心的全媒体播出机构。中央人民广播电台是年年初还成功开办了中国第一份有声手机报，与之并行的中国国际广播电台则在获得IPTV牌照之后，又于2010年初步建成了基于移动互联网、面向手持终端的英文信息平台——移动国际在线，大大拓展了自身的全媒体建构。

在中央级的广播电台带动下，全国地方广播电台也纷纷走上全媒体发展的道路。湖南人民广播电台着力打造全媒体直播室，集广播、网络、电视直播于一体，其直播节目通过光纤传输，由湖南电台交通频率、湖南移动电视、芒果广播网组成的全媒体进行传播。黑龙江人民广播电台在重大报道中将网站视频与手机视频同步直播，将广播音频内容配上记者采访的图文内容，实现多媒体传播。沈阳广播电视台还可在播出过程中实现全媒体的节目与受众互动，真正迈向统一的全平台、全媒体演播室，实现广播、电视、网络和手持终端平台的全覆盖播出。

## 二、全媒体时代的新闻记者

全媒体时代媒体对记者的要求已经远远超过传统媒体对记者的要求。要想跟上时代节奏，记者务必要融入这个全媒体的主流之中，积极迎接全媒体时代，只有思想上承认转变，才会在行动上去改变，转换原来单一的思维方式，主动学习全媒体时代记者所要学会的各项新的专业技能。可以说，思想和技术上都要完成由"传统媒体型"向"全媒体型"转型。

当前全新的媒介生态所要求的全媒体记者，是指具备突破传统媒体界限的思维与能力，并适应融合媒体岗位的流通与互动，集采、写、摄、录、编、网络技能运用及现代设备操作等多种能力于一身的人才。

那么，在大家都摸着石头过河的背景下，作为传媒行业最基层的记者，如何才能适应这一全新的传媒时代，更好地让受众接受，记者的媒介素质与以往相比，更应注重哪些方面的锻炼才能应对新的挑战？这是每一个记者在全媒体时代必须关注的问题。

**（一）坚守基本的新闻素养**

从思想素质上来说，党性原则仍然是记者的政治大方向，要主动学习，不断提高政治素质。从专业素质上来说，坚持新闻的真实、客观、公正原则是记者必须在工作中贯彻的。从业务素质上来说，新闻媒体的基石仍然是记者的采访能力和写作能力，尤其在全媒体时代，庞大的信息量以各种形式出现在受众面前，报道的质量一定是最重要的指标。纸媒记者拿起纸笔，采访对象往往打开话匣子容易些。在日常报道中，笔者经常要做一番解释，精彩的画面却无法重演。单兵作战的全媒体记者，就需要花更多时间在和被采访人的沟通上，以取得对方的信任。尤其是一问一答式的采访，单兵式全媒体报道因为采摄都是一个人，更需要前期的沟通。而在突发事件的新闻现场，在镜头前，流利的语言表达，也是文字记者要操练的一项新的基本功。从作风素质建设来讲，做好记者的前提当然是良好的作风素质。无论在什么时代，记者最重要的是要坚守职业道德，媒介素养不仅包含专业素养，还包括职业道德素养。在全媒体化的今天，在媒体商业化、市场化的情况下，坚守职业道德的意义更为重要，如果媒体人员滥用权力谋取私利，或者为增加点击量、收视率进行恶意新闻炒作，干涉个人隐私，甚至制造假新闻等，不仅会导致受众流失，还会削弱媒体的公信力。

**（二）以先进技术创新为支撑**

从传播技术角度看，媒体的发展总是与技术的创新紧密联系在一起。新兴媒体诞生和发展的过程，实际上就是网络技术和信息内容相互结合与发展的过程。技术与内容互为支撑、相互融合，是一体之两翼、驱动之双轮，共同构成核心竞争力。传统媒体要生存发展，必须顺应互联网传播移动化、社交化、视频化的趋势，积极利用大数据和云计算技术推进新闻生产，利用移动互联网技术实现超越，利用微博、微信技术拓宽社会化传播渠道，把当今可用的技术都囊括到我们的视野和项目设计中来，把长期积累起来的内容生产优势、传播公信力优势与新兴媒体的数字技术、多媒体传播、多元交互等技术优势充分结合起来，才能取得融合发展的最佳效果。

因此，记者要紧盯技术前沿，瞄准发展趋势，不断以新技术、新应用创新媒体传播方式，寻找适合全媒体时代的方法。全媒体记者在现场需要灵活转换文字和视频两种思维方式。很多文字记者对文字有感觉，但对视频、镜头的推拉摇移、电视剪辑等没有太多的训练。文字记者要向全媒体记者转型，首先就要有从零开始的学习劲头和勇气，要下功夫对视频拍摄和视频编辑有所钻研。全媒体记者要有新闻聚合的头脑，适合各媒体的特点，发挥不同载体的不同组合产生的效应。与传统媒体相比，全媒体时代的记者更需要掌握多媒体传播能力，记者要能够熟练地搜集、处理各种文本、照片、图表、动画、视频等素材，其中也包括多媒体网络语言理解能力。

### （三）提高综合传播能力

新闻传播方式的变化改变了传统媒体信息采集与制作的流程，不同的媒体在同一个信息操作平台上统一策划，根据受众的特点对信息进行分类加工，制作成不同的新闻产品，通过不同的传播方式传播给受众。这种新闻业务流程是对新闻信息和资源的整合，要求记者在资源整合能力上有极大提高。"融合新闻"体现了媒体对事件的处理有更多角度、更多形式，更注重与受众互动，这对记者的信息筛选与整合能力提出了更高的要求：要注意培养多媒体报道的思维和理念，懂得不同媒介的传播效果，将信息资源转化为不同的新闻产品，从而提高新闻传播的能力；要在传播上注重快捷精简，多生产精准短小、鲜活快捷、吸引力强的信息，在传播中抢得先机；要在服务上注重分众化、互动化，认真研究用户的不同需求，有针对性地生产特色信息产品，点对点推送到用户手中，做到量身定做、精准传播，提高新闻宣传的实效性；要加强媒体与用户间的互动交流，吸引用户提供新闻线索、报道素材和意见建议，提高用户的关注度和参与度，在互动中参与，在参与中传播；要在展示上实现多媒体化，以多样化的展示、多介质的推送，实现内容产品从可读到可视、从静态到动态、从一维到多维的升级融合，使新闻报道动起来、活起来。

### （四）以内容建设为根本

全媒体时代仍需进一步增强媒体信息内容的核心竞争力。新闻媒体是党和人民的喉舌，内容永远是根本，是决定自身生存与发展的关键所在。推动媒体融合发展，在强调技术引领和驱动的同时，要始终把内容建设摆在十分突出的位置，以内容优势赢得发展优势，要在品质上追求专业权威。传统媒体在信息采集核实、分析解读等方面，有着新兴媒体无法比拟的优势，必须最大限度地把这个优势发挥出来，延伸和拓展到新兴媒体。

### （五）加强信息的把关能力

全媒体时代，新闻的多元化、复杂化，信息传播的速度加快，都使得虚假新闻数量增加，尤其是信息在不同媒体之间转发、转载的再次传播过程中，传播方为了提高时效性，往往会缺少对信息的把关，还有些媒体为了吸引人眼球，恶意将标题夸大或标题根本不符合新闻主题内容，要杜绝这些现象，考验的正是媒体人员对信息的把关能力和自身素质的提高。记者面对爆炸式的信息量，要提高信息处理能力，筛选、鉴别有价值的信息，将其有序地整合出来，使受众能够更加真实、系统、深入地了解新闻内容。因此，拥有更强的信息分析处理能力，就拥有了更大的社会影响力和发展空间。

此外，全媒体时代对记者的体能和机动性提出了更高的要求。我们永远不知道，何时会有精彩的新闻出现。这就意味着，全媒体记者的装备要随时可用，在工作期间要处于随时待命的状态。小型DV、相机经常性地随身携带，还有现场采集新闻的工作强度，比单纯的文字记者肯定要大，后期剪辑花费时间也多。而媒体和相关管理者，必须以机制创新为动力，加快改革步伐，建立适应融合发展的组织结构、传播体系和管理体制，为融合发展以及全媒体记者的培养提供坚实保障。

## 第二节　传统记者全媒体转型的背景与现实挑战

随着全媒体的蓬勃发展，全程媒体、全息媒体、全员媒体、全效媒体各种媒体随即出现，可以说信息无处不在，人们随时随地可以触碰到最新的新闻动态，传统的媒体生态、格局以及传播方式已经不能适应新的变化，全媒体时代的到来对于纸媒新闻的影响更加深远，给新闻工作带来了新的挑战。传统纸媒的新闻记者想要顺应全媒体时代的发展态势，就要因势而谋、应势而动、顺势而为，深入了解全媒体的时代特征，为转型做好各方面的准备，从而确保能够为主流传统媒体创造更加具有传播力、引导力、影响力、公信力的新闻热点。

### 一、我国全媒体发展现状

#### （一）全媒体产业发展趋势

在国家政策性倾斜和产业发展方向引导的背景下，传媒产业在激烈地加速融合发展，前景无限，无论是传统媒体还是新媒体，都在这次产业浪潮中探索着各自的发展之路。全媒体时代，媒体向智能化、社交化、视频化、移动化方向演进，已是鲜明趋势。伴随新技术的积极应用和推广，各种媒体在全媒体产业格局的激烈演变中寻找着发展机会。"5G+AI人工智能+云计算+大数据+区块链"所构建的智慧物联体系，正在逐步取代原有的信息基础架构，传媒产业也在这次变革中有了新的生机与活力。全媒体行业抓住了国家政策逐步利好的发展机遇，针对国家释放的越来越多的业态需求，结合传媒产业上下游资源，利用大数据分析掌握受众需求，对行业应用场景作出了适时的调整。伴随着传媒产品和服务质量的优化升级，全媒体产业应用展现爆发式增长态势。目前，我国全媒体行业发展尚处于起步阶段。互联网的高速发展推动我国新媒体行业进入黄金发展期，2017年，市场规模增至7558.1亿元。2021年行业市场规模达到约1万亿元。根据目前的发展趋势，以及国内居民精神娱乐的增长和多元化发展需求，预计到2023年中国新媒体行业企业数量将达到近5000家。

**（二）与传统媒体相对应的新媒体发展现状**

全媒体中与传统媒体并存的新媒体，以数字媒体表现形式为主，数字技术和网络技术不断更新迭代，其应用也愈发成熟，对应的应用需求和消费需求也不断扩大，有效推动了数字媒体产业和文化产业规模扩大和业态升级。虽然我国新媒体行业在发展过程中遇到的问题重重，但从另一个角度可以清晰地看到，我国新媒体行业的发展前景和优势仍然是非常乐观的，新媒体的优势是颠覆了信息传播的垄断权、社会监督的垄断权和信息的生产权。就外延而言，新媒体涵盖的范畴极其宽广，新媒体产业盈利模式的主要变现为内容主体，广告从属。随着新媒体产业的不断发展，内容产业的比重在持续增长。

新型主流媒体的传播阵地在不断拓展，移动端在消化内容和实现用户转化时，也成为媒介融合领域增量价值创造的重要来源。这促使着传统媒体开始由原有的传统平台转变到全媒体平台来整合优势资源，传统的业务从单一的传媒或广告转变为综合性信息服务。传统媒体的营销服务在新媒体业务的应用实践中，逐渐丰富自身的产品类型，并借助大数据和云计算等信息技术，为打通营销渠道提供强有力的技术支撑。在MCN、产业基地等新运营模式支持下，传统媒体还将不断跨界，以新需求为驱动，加速迭代出更多融媒营销产品。提前加载了新增长引擎的融媒机构在2020年实现了收入逆势飘红，为更多媒体指明了发展方向。

**二、传统纸媒记者所面临的主要挑战**

在2013年8月19日全国宣传思想工作会议上，习近平总书记指出："很多人特别是年轻人基本不看主流媒体，大部分信息都从网上获取。必须正视这个事实，加大力量投入，尽快掌握这个舆论战场上的主动权，不能被边缘化了，要解决好'本领恐慌'问题，真正成为运用现代传媒新手段新方法的行家里手。"基于这样一种前瞻性的认识，2014年，习近平总书记在北京主持召开中央全面深化改革领导小组第四次会议，通过了《关于推动传统媒体和新兴媒体融合发展的指导意见》，这一年也被称之为媒体融合元年。数字和通信技术的迅猛发展态势，充分推动了信息传播媒介和传播形式产生巨大变革。面对如此巨大变革，传统纸媒记者将面临着前所未有的挑战[①]。

**（一）新闻受众面缩小，传统纸媒市场被新媒体瓜分**

传媒发展史的经验总结告诉我们，在新闻价值链条形成的重要因素中，受众的作用举足轻重，尤其是在个性化需求凸显的全媒体时代，受众对于新闻价值的影响更不可忽视。大数据应用广泛的背景之下，新媒体的主要受众群体并不显得小众，而是更为大众化；技术外延的数字平台会根据大数据分析受众的年龄、性别、职业、兴趣爱好等指标，向其使用的各种终端应用推送相应的信息。广播电视、网站等免费新闻对纸媒的冲击有目共睹；与此同时，互联网和移动终端的广泛使用，使得自媒体也成了新闻发布的又一来源。传统纸媒的受众在逐渐被新媒体涉及的各种平台，运用多种技术形式所吸收。原有的大部分受众倾向于接受全媒体下的新媒体新闻，而冷落了传统纸媒的存在，传统媒体受众市场在无形中被不断瓜分。

**（二）新闻形态多样化，传统采编方式无法满足内容需要**

数字经济蓬勃发展，推动新闻传播向纵深方向发展。传统媒体的受众群体正逐渐由信息的接收者转变为发送者或创作者。受众接收新闻信息的时间更加随机，新闻信息的内容更加碎片化。人们不再受限于传统纸媒的新闻排版和展示方式，在新媒体提供的应用平台上搜索感兴趣的新闻关键字词，就能获取大量相关文字、图片和音视频信息，大幅提升了用户体验。传统媒体记者单纯地只从文字或图片角度进行新闻素材的收集，已经不能满足当下工作要求和读者需要，所以必须要提升综合素质，学会运用多媒体技术立体式呈现新闻内容。

**（三）新闻生产周期缩短，纸媒新闻采编时间更紧凑**

全媒体时代背景下，尤其是互联网、卫星传输以及5G技术的广泛应

---

①韦哲. 刍议全媒体时代基层记者职业素养的培养[J]. 传播力研究,2021,5(15):78-79.

用，信息传输速率有了质的飞跃。现在的新闻信息传播速度越来越快，传统纸媒从新闻选题、采写、编辑、校对、清样、印刷整个一套流程的所需时间在一定程度上已经跟不上现代信息的生产和传输效率。作为传统纸媒的新闻记者，在选题和采访工作方面将面临巨大的挑战，因为他们将面对的是全媒体领域的各种新媒体平台上的海量而新鲜的新闻资源，如果不积极顺应新时代背景和潮流，改进原有的工作方式，将无法对新闻信息进行有效采编和整合，从而失去新闻的实效性和价值。新闻生产周期的缩短，对媒体的内容生产提出了更大的考验，要求媒体在信息输出与制作上更加灵活和高效，要尝试多样化的呈现形式，同时还要兼顾采编的便捷和可操作性，从而有效保证新闻的时效性和新鲜性。

### 三、传统记者在全媒体时代如何转型

传统媒体的竞争对手，是表现形式更加丰富多样、形象生动的新媒体。对比新媒体的传播效果，传统媒体在很多方面都难以望其项背，中流砥柱位置逐渐不再，其生产能力每况愈下。当前媒体表现形式如此丰富多样化，传统纸媒记者如果仍然固守原有的陈旧落后的采写方式，将无法适应新时代的工作要求。面对严峻的行业态势，传统纸媒新闻记者一定要紧跟时代步伐，培养新的理念和意识，提升自身综合素质和业务能力，努力成为一名符合时代需求的新闻记者。

### （一）培养全媒体思维和意识

全媒体时代到来，媒体转型势在必行，随着手机等智能移动终端的广泛应用，各种优秀的新闻客户端App应运而生，新闻报道形式一改往日的单调呆板风格，各种小视频、FLASH动画将新闻信息表现得更加生动，用户接收新闻的速度更快，时间更短，信息量更大。《人民日报》、新华社、央视新闻以及学习强国等各媒体平台，就是顺应全媒体发展的典型案例，传承红色基因，锐意改革创新，与新媒体融合发展，构建了全媒体传播格局，经过多年的创新积累，逐步建设成为国际一流的新型通讯媒介，显著提升了自身的传播力、引导力、影响力和公信力。

我们可以清晰而真切地感觉到，越来越多的新闻刊发不仅迅速、形象，而且图文影像并茂，新闻资讯的传播效果更加全方位、多视角、立体化。笔者作为《衡水日报》的一名新闻记者，见证了地方纸媒的发展，《衡水日报》于1962年创刊，是衡水市委机关报，是衡水市最具权威性的新闻媒体。2007年创办《衡水晚报》，2012年创办衡水新闻网和电子报，2020年创办衡水日报App，多年来的媒体创新之路，充分展现了传统媒体与新媒体融合发展的优势，得到了当地政府和群众的一致认可和好评。因此，传统纸媒的新闻记者一定要认清时代发展形势，要有全媒体思维意识，创新工作方式方法，以满足日益变化的工作需要。

**（二）提升综合素质，做复合型人才**

作为新时代新媒体的新闻记者，应当及时顺应时代发展潮流，从根本上打破原有的思想束缚，及时调整工作思路，改变工作方法，不再凭借老套路、老经验去对待新事物、处理新问题，与时俱进地创新工作理念，提升综合素质能力，成为集采、摄、录、写、编、剪多种技能于一身的复合型技术人才。坚持以用户体验为中心，全面提升全媒体新闻采编综合能力，制作出有温度、有深度，同时又亲民、又便民的新闻产品，从而满足大众多样化的新闻阅读需求。

一是利用新媒体作为"新闻眼"。新媒体不仅是新闻发布的平台，还是记者获取新闻信息的重要渠道。传统媒体新闻记者，在苦于无法找到新闻热点和线索的时候，可以利用新媒体平台作为新闻眼，挖掘潜在新闻资源。同时，建立自己的通讯员联络圈，通过微信朋友圈、微博、抖音等新媒体平台实时搜集关注社会热点、民生实事。二是利用手机等影像记录工具提高素材收集效率。要有敏锐的洞察力、独特的眼光与思维，在有新闻线索的前提下，第一时间到达现场，用手机等移动终端捕获最有用的瞬间，现在的手机影像记录功能和成像效果相比之前大幅提高，能够满足新闻素材要求。三是巧用图片后期处理和视频剪辑技术，提高新闻素材品质。在拥有扎实采写功底的同时，还要学会多媒体后期处理和编排，对前期收集的影像材料进行后期剪辑和优化。

### （三）不忘初心，坚持守正创新

传统纸媒记者，尤其是党政机关报的新闻记者，一定要坚守新闻理想，坚持正确的政治立场和舆论导向，要有敏锐的政治敏感性和强烈的社会责任感，能够准确把握时局，围绕地方中心工作，做好主流新闻报道，充分彰显党媒传播力和影响力。

全媒体时代已到来，传统纸媒新闻记者要客观地分析全媒体的主要特征，并清醒地认识到在此背景下面对的新挑战会越来越多，一定要做到扬长避短，广泛涉猎，提升自身综合能力素质，从而顺应当前的发展趋势，不负党和人民赋予的时代职责和使命。

# 第三节　全媒体记者核心素养的培育

## 一、全媒体时代记者核心素养要求

### （一）强大的适应能力

强大的适应能力是全媒体时代记者的基本素质，也是其未来进步与发展的基础能力。全媒体时代与传统媒体时代有着较大的差别，社会氛围与媒体环境也大相径庭，无论是媒体格局还是记者职业地位，都发生了很大变化。尤其是新媒体的出现，降低了媒体行业的门槛，同时也给记者带来了危机感。为此，记者必须重新审视自身的行业地位，在这个人人都是新闻传播者的时代，记者已经不再是不可被替代的职业，相反，在部分领域，自媒体甚至要比专业记者更具影响力。这就需要记者充分了解媒体行业的发展规律，深度挖掘时代的精神内涵，认识全媒体时代新闻特色，不断提高自身新闻编辑能力、采集能力，掌握多种新闻形式和技术方法，形成一套自己的工作模式，适应新的媒体环境，并为今后的发展奠定基础。

### （二）优秀的政治素养

优秀的政治素养与新闻专业主义有着密切的联系，是媒体记者开展工作的重要前提与保障。在全媒体时代下，新闻传播速度更快、效率更高、范围更广，任何一个现象级的新闻事件都能直接影响到社会舆论与讨论风口。尤其是在短视频盛行的当下，新闻信息的传播因为有了公众的参与，其中也就必然会存在一些错误的、具有不良导向的评论，或是视频、图片，甚至是一些机构为了流量与利益，制作或发布一些虚假信息来谋求利益，不仅导致许多不明真相的公众上当受骗，还影响了整个媒体行业的声誉。为此，在全媒体时代下，记者应当保持优秀的政治素养，坚持新闻专业主义，为民众发声、为基层发声，成为带领公众走向积极未来的意识引导工具。要客观地看待新闻事件，对新闻内容作出最全面、客观的编辑，使新闻内容能够完整、精准地呈现给公众，让高质量新闻成为引导社会舆论的有效工具，进而树立良好的行业形象，为构建社会主义和谐社会贡献力量。

### （三）高效的学习能力

树立终身学习意识，强化学习能力，是全媒体时代每位记者都应当具备的意识与能力，也是强化自身核心素养的先决条件。全媒体时代下，媒体技术迎来全面革新，各种过去从未见过的媒体技术都一一被应用于实际工作中，给记者的工作带来更多便利，同时也进一步提高了新闻质量，增强了新闻效果。此外，全媒体时代，公众所能接触到的新闻类型多种多样，新闻需求也随着时代的发展而逐渐增加。基于此，记者必须要有高效的学习能力，对现代媒体技术进行全面的学习，快速掌握新媒体采编技术，突出技术优势，扩大职业作用，进而凸显自身专业能力与职业素养。同时，要加强对各领域、各文化的学习与了解，以最专业的角度为公众提供新闻信息服务，强化公众新闻阅读体验，形成强大的行业核心竞争力，树立优质媒体形象。

### （四）清晰的角色定位

角色定位对记者而言非常重要，要明确当前环境下自身的工作内容与工作范围。在过去很长一段时间里，记者形成了固定化的思维模式，将自己局限于"新闻制作者"的标签当中。但在当前，记者的头衔不仅只有"新闻制作者"，还有"舆论引导者""媒体监督者""新闻中立者"，这些头衔分别对应着当前时代下记者的职业作用。"舆论引导者"是要对当前的社会舆论作出引导，不仅要制作新闻信息，更要主动获取新闻信息，坚持正确的舆论引导，并且在这一过程中行使"媒体监督者"的权利与义务，对那些非法机构、个体进行举报、投诉，申请下架他们所发布的内容。"新闻中立者"要求记者在进行新闻采编与报道的过程中，始终站在客观、中立的角度去思考、创作、编辑，将整个新闻事件完整、真实地报道出来，避免因主观倾向、个人感情色彩而误导公众。

### （五）敏锐的超前意识

全媒体时代下的记者不仅要及时地从传统媒体时代走出来，及时跟上当前时代的发展脚步，更要拥有敏锐的超前意识为今后的发展做规划。记者必须要有敏锐的超前意识，才能窥视到媒体行业乃至整个社会的发展规律，从而打好基础，做好迎接新时代到来的准备。此外，在这个信息爆炸的年代，记者每天要处理大量的新闻信息，需要从其中筛选出符合公众兴趣及未来发展规律的新闻内容，这也要求其具有高度的超前意识。要对新闻的发展走向有清晰的判断，能够敏锐地察觉到今后新闻信息的发展方向，在海量的信息中筛选出有价值的新闻并及时报道，掌握报道新闻的先导权。这也意味着，媒体行业发展的脚步并不会因为新时代的到来而逐渐放缓，反而会随着技术的革新与社会的进步不断加快。

## 二、全媒体时代提升记者核心素养的有效策略

### （一）拓展采访渠道

21世纪是高速增长的信息时代，在信息时代，任何人都可以成为新闻内容的发布者，这也是当前时代信息爆炸的主要原因，人人都是信息

的发现者与传播者，人人都可以参与到新闻传播中。因此，为了进一步强化记者的核心素养，就必须拓展新闻采访的渠道，在原有的基础上加强对移动终端技术的应用。全媒体时代在信息传播与新闻事件的记录上有着重要的优势，其不受相关的地理、人文、空间的限制，能发挥移动端的优势，进一步拓展新闻事件采集的渠道。记者应当充分发挥移动终端的优势，调动自身主观能动性，由过去被动开展新闻信息采集的固定模式转变为当下主动发现新闻信息的灵活模式。具体来说，记者除开展实际采编工作外，还可以加强与自媒体机构、个体的交流与合作，拓宽采访渠道，拿到一手资料，并借助热度、流量来带动自身的发展，同时也为自媒体机构、个体提供提高IP影响力的机会，达成双赢的局面。

## （二）强化热点嗅觉

热点永远是被广大人民群众所关注的，而这些热点往往也能对社会舆论、公众意识造成强烈的影响，为此，强化热点嗅觉，及时挖掘社会新闻热点，是记者强化个人职业素质的重要方式。安迪·沃霍尔曾经说过，"每个人都可能在15分钟内出名""每个人都能出名15分钟"。如今，不需要15分钟，庞大的媒体受众能够让一个人、一个事件在1分钟内被所有人熟知。这就要求记者能够充分发挥自身的前瞻意识，能够敏锐地洞察到未来热点新闻的动向，并及时地前往一线获取一手资源，把握新闻报道的主导权，甚至开展独家报道。在流量时代，谁能率先掌握热点新闻，谁就拿到了流量的主动权，强化新闻敏感度，提高捕捉身边新闻热点的能力，挖掘新闻事件的价值，及时捕捉身边热点，便成为当前记者的必修课。

## （三）提高职业道德

新闻专业主义要求媒体工作者恪守职业道德规范，以客观、真实、准确的态度去报道事实，挖掘事情的真相，把事实的原生态展现在读者面前，始终明确自己的服务对象与职业宗旨，从而开展高效率的新闻工作。如今，谣言、虚假新闻、抄袭新闻屡见不鲜，一旦造成大规模的传播，其所造成的恶劣影响不可估量，而这一切行为的背后是利益的驱使，在高额利益的诱惑下，许多职业信仰不坚定、职业道德低下的记者走上了这条不归路。因此，记者在实际工作当中必须恪守新闻专业主义，提高个人职业道德修养，在信息的发现、采集、编辑、处理以及最终报道中，要充分尊重新闻事件的客观性、全面性、真实性，除特殊情况外，要杜绝个人观点与个人情感的表现，呈现给公众最真实的新闻全貌，防止公众被错误信息误导，做到对自己负责、对职业负责、对公众负责①。

### （四）增强新闻交互

交互性作为全媒体时代的一大特点，其对提高记者的职业综合素质有着直接的帮助。随着新媒体技术的全面应用，单向输出变成了双向交流，新闻传播平台更像是一个新闻交流平台，公众可以在上面与他人、与媒体就同一新闻、同一观点进行探讨，还可以与官方媒体进行友好的互动，有何种意见也可以通过评论或私信的方式与媒体方进行沟通。记者作为直面公众的一线人员，其必须要增强自身的交互性，在实际新闻采编中、新闻报道中、个人账号经营中与公众进行密切的交流与互动。例如，记者可以通过运营个人短视频平台账号、社交媒体平台账号提升个人影响力与传播力，打造"网红记者"，在账号运营中加强与公众的互动，在抖音评论区"翻牌""接人""私信"以及直播时的弹幕互动等，以此拉近与公众的距离，树立优秀的人设，收获大量的粉丝群体。

### （五）突出技术优势

21世纪，技术是记者长久发展的最大优势，也是与自媒体竞争的有效途径。每位记者都接受过专业的培训与学习，有着先天的技术优势，要在这一优势上加强对现代媒体技术的掌握，如大数据、云计算、VR、PR、拍摄、后期等技术，多方学习、全面发展，熟悉各个部门的工作内容，尝试独立完成新闻的制作与报道，并在个人社交账号、短视频账号中进行发布，将其作为"试点"进行尝试，给予公众不同的新闻体验，

---

①马银彬. 全媒体时代记者多维传播能力的构建途径[J]. 科技传播,2020,12(1):11-12.

打破长久以来刻板、严肃的媒体印象，进而在提高原有粉丝忠诚度的基础上扩充粉丝群体。

记者想要在这个竞争激烈的全媒体环境下得以长久地生存与发展，就必须要重新审视自身的行业地位，明确职业性质，坚持职业素养，科学规划未来发展蓝图。为此，记者必须拓展采访渠道、强化热点新闻嗅觉、提高职业道德修养、强化新闻交互、掌握现代技术，提高自身综合素质、强化核心竞争力，实现新时代下记者行业的可持续发展。

# 第八章　融合报道团队的组建与运作

## 第一节　项目责任制主导模式

　　融合报道是当今媒体领域的一个重要趋势，它通过不同媒体之间的合作，将各自的资源整合起来，共同报道一个新闻事件或主题。在融合报道项目中，合作媒体之间的责任分工是一个关键问题。接下来笔者将介绍一种以责任制为主导的融合报道项目模式，并探讨其优势和挑战。

### 一、责任制主导的融合报道项目模式的特点

　　责任制主导的融合报道项目模式是基于明确的责任分工和合作机制的。在这种模式下，每个合作媒体都承担着特定的责任和任务，以确保整个项目的顺利进行。以下是该模式的主要特点：

#### （一）明确的角色分工

　　在责任制主导的融合报道项目中，每个合作媒体都有明确的角色和责任。例如，一家媒体可能负责新闻采集和搜集相关信息，另一家媒体可能负责整合和编辑报道内容。

（二）协同合作机制

合作媒体之间建立了紧密的协作机制，包括定期的会议和沟通渠道。通过协同合作，合作媒体可以及时交流和协调工作，保证项目的顺利进行。

（三）资源共享

融合报道项目中，合作媒体可以共享各自的资源。例如，一家媒体可以分享新闻线索和采访资源，另一家媒体可以提供编辑和制作的专业技术。这种资源共享可以提高报道质量和效率。

（四）组织协调能力

在责任制主导的融合报道项目中，需要有一个组织机构或团队来负责项目协调和管理。这个组织机构或团队可以协调各个合作媒体之间的工作，解决问题和冲突[①]。

**二、责任制主导的融合报道项目模式的实施方法**

责任制主导的融合报道项目模式是一种新闻报道的实施方式，通过明确的责任分工和协作机制，实现不同媒体类型之间的协同工作，达到全面报道的目的。该模式的实施包括以下几个关键步骤：

第一，设立项目组，成立一个项目组，包括不同类型媒体的记者、编辑和专家等，来共同负责该融合报道项目的策划和执行。项目组成员应具备专业能力和跨领域合作的能力。

第二，制定合作协议，项目组成员需要制定合作协议，明确各自的责任和任务分工。协议中应包括报道内容、报道周期、采访对象、角色分工等方面的约定，以确保协同工作的顺利进行。

第三，确定报道主题，项目组成员共同商讨并确定融合报道的主题，以确保报道内容的全面性和针对性。这可以是一个重大事件、社会问题或研究课题等，需要与各个媒体的报道定位相匹配。

第四，进行调研与采访，项目组成员根据合作协议规定的责任分工，进行调研和采访工作。不同媒体类型的成员可以根据各自的优势和报道

①叶铁桥,张星钰. 传统媒体重构融合报道新格局[J]. 网络传播,2017(3):40-41.

特点，选择合适的采访方式和角度，以获取丰富的报道素材。

第五，内容整合和编写，项目组的编辑和记者将各自采集到的报道素材进行整合和筛选，形成完整的报道内容。在内容编写过程中，需要充分考虑各个媒体之间的协同配合，确保信息的一致性和互补性。

第六，多媒体制作与发布，在报道内容的阶段性完成之后，项目组成员可以利用各自媒体的优势进行多媒体制作，例如视频、音频和图文等形式，以提升报道的多样性和传播效果。最后，将报道内容通过各自的媒体平台发布出来，使其能够被更多的受众所获取。

第七，评估与反馈，在融合报道项目实施过程中，项目组成员需要进行及时的跟踪和评估。通过评估工作，发现存在的问题、困难和改进的空间，并及时进行调整和改进，以实现融合报道的效果最大化。

这种责任制主导的融合报道项目模式的实施有助于提高报道的全面性和深度，促进不同媒体之间的合作和交流，从而为受众提供更具有价值和意义的信息。同时，该模式也需要项目组成员具备良好的沟通与协作能力，以及对跨界合作的开放与包容态度。

### 三、责任制主导的融合报道项目模式的优势和挑战

#### （一）责任制主导的融合报道项目模式优势

资源优化：合作媒体可以共享资源，避免资源浪费。每个媒体可以发挥自己的专长，共同完成一个报道项目。

信息搜集全面：不同媒体的信息搜集渠道和能力不同，通过合作，可以获取更全面和深入的信息，提高报道的质量和可信度。

报道效率提升：责任制主导的融合报道项目模式能够提高报道的效率和速度。各个合作媒体各司其职，协作紧密，能够迅速响应并报道新闻事件。

品牌影响力提升：融合报道项目能够增强不同媒体的品牌影响力。通过合作，合作媒体之间可以互相受益，增加曝光度和认可度，提升整体品牌影响力。

### （二）责任制主导的融合报道项目模式面临的挑战

沟通和协调困难：多个合作媒体之间的沟通和协调可能会面临困难。不同媒体之间可能有不同的工作方式和文化背景，需要时间和努力来建立良好的合作关系。

资源分配和利益协调：在融合报道项目中，如何分配和利用合作媒体的资源可能成为一个挑战。不同媒体可能拥有不同的资源，如人力、技术和财力，合作媒体之间需要协商和协调，确保资源的合理分配和利益的平衡。

信息安全和数据共享：合作媒体之间需要共享信息和数据，但同时也需要考虑信息安全和数据隐私的问题。确保信息的安全性和保密性对于融合报道项目至关重要。

权责问题：在责任制主导的融合报道项目中，需要明确每个合作媒体的权责。在项目出现问题或失误时，如何界定责任和解决纠纷是一个需要解决的重要问题。

责任制主导的融合报道项目模式是一种有效的方式，可以通过明确的责任分工和合作机制，提升融合报道项目的效率和质量。它能够实现资源优化、信息搜集全面、报道效率提升和品牌影响力提升等优势。然而，该模式也面临沟通协调困难、资源分配和利益协调、信息安全和数据共享以及权责等问题。因此，在实施责任制主导的融合报道项目模式时，需要充分考虑和解决这些问题，并建立良好的合作关系和协作机制，以确保项目的顺利进行和圆满完成。

# 第二节　产品经理人制主导模式

融合新闻报道是指将传统新闻报道与互联网、移动互联网等新媒体技术相结合，以满足读者对全方位、即时、动态的新闻信息需求。在这个信息爆炸的时代，融合新闻报道团队需要不断改进自身工作模式，并适应新技术的发展。

### 一、产品经理人制主导模式的特点

融合新闻报道团队的产品经理人制主导模式是一种特殊的管理方式，具有以下几个特点：

#### （一）团队合作

融合新闻报道团队的产品经理人制主导模式鼓励团队合作。在这种模式下，产品经理与新闻报道团队之间建立密切的合作关系，共同制定产品的目标和策略，并共同努力实施和改进产品。

#### （二）产品导向

这个模式的核心是以产品为导向。产品经理在团队中扮演重要的角色，负责产品规划、设计和推进。他们通常具有丰富的行业经验和产品管理能力，能够理解市场需求并将其转化为具体的产品特点和功能。

#### （三）灵活性和创新性

融合新闻报道团队的产品经理人制主导模式鼓励灵活性和创新性。产品经理与团队成员紧密合作，共同探索解决问题的创新方法，并根据市场反馈及时调整产品策略。这种机制有助于提高团队的适应能力和创新能力。

#### （四）迭代开发

这种模式下，产品开发通常采用迭代式的方法。产品经理与新闻报道团队会持续进行需求收集和用户反馈，不断优化和改进产品。通过反复迭代，产品可以不断适应和满足用户需求。

#### （五）用户体验

融合新闻报道团队的产品经理人制主导模式强调用户体验。产品经理与团队成员一起关注用户需求和反馈，确保产品的设计和功能能够提供良好的用户体验，从而增加用户的忠诚度和满意度。

总的来说，融合新闻报道团队的产品经理人制主导模式注重团队合作，以产品为导向，鼓励灵活性和创新性，采用迭代开发的方式，并关注用户体验。这种模式能够帮助团队提高产品的质量和市场竞争力。

## 二、产品经理人制主导模式的重要性

融合新闻报道团队产品经理人制主导模式是一种将产品管理的思维方式引入报道团队的工作模式中的方法。该模式的重要性主要体现在以下几个方面：

### （一）提高报道质量

产品经理人制主导模式可以使报道团队更加注重用户需求和市场变化，以更好地满足读者的需求。产品经理人负责整个报道流程，并负责控制和把握整个报道的质量，从编写、编辑、审核到发布，保证报道的真实性、客观性和准确性[①]。

### （二）加强团队协作

产品经理人制主导模式可以加强团队成员之间的沟通和协作，形成更高效的工作机制。产品经理人作为团队的领导者，可以统筹安排各个岗位的工作任务，使团队成员之间能够更好地协作、相互支持。

### （三）增强创新力

产品经理人制主导模式可以推动团队在报道方式和形式上的创新，不断尝试新的报道形式和技术手段，提高报道的吸引力和影响力。产品经理人可以根据用户需求和市场动态，引领团队开展创新性报道，提升团队在融合新闻报道领域的竞争力。

## 三、融合新闻报道团队产品经理人制主导模式的实施方法

在融合新闻报道团队中实施产品经理人制主导模式，可以遵循以下几个步骤：

### （一）确定产品经理人角色

指定一名专门负责报道团队产品管理的人员，作为产品经理人。产品经理人需要具备丰富的报道经验和对市场需求的敏锐洞察力，能够有效理解用户需求并转化为具体的报道计划。

---

① 许秋里. 协同式内容生产:融合新闻报道需要团队一起玩[J]. 中国传媒科技,2017(1):23-23.

### （二）制定报道策略和计划

产品经理人与团队成员共同制定报道策略和计划，并详细规划报道的整个流程。报道策略和计划需要充分考虑用户需求、市场动态和团队资源状况，以保证报道的质量和有效性。

### （三）优化团队组织结构

针对产品经理人角色在团队中的引入，需要优化团队的组织结构。可以考虑将团队分为不同的专业岗位，如记者、编辑、摄影师等，同时设立专门的产品管理岗位。团队成员在各自的专业领域负责具体的工作，而产品经理人作为团队的领导者，负责整体的产品管理和协调工作。

### （四）进行用户研究和需求分析

产品经理人需要进行用户研究，了解用户的需求和偏好。通过调研、访谈、观察等方式，获取用户反馈和意见，将其转化为对报道内容、形式和渠道的具体需求分析。

### （五）制定产品开发计划

产品经理人根据用户需求和市场动态，制定相应的产品开发计划。包括确定报道的主题、方向、形式，确定发布的时间和渠道等。同时，产品经理人还需要与团队成员进行充分的沟通和协调，确保团队的资源能够有效分配和利用。

## 四、产品经理人制主导模式面临的挑战和解决方案

在实施融合新闻报道团队产品经理人制主导模式过程中，可能会面临一些挑战。以下是一些常见的挑战及其解决方案：

### （一）团队对新模式的接受

团队成员可能对新模式的引入存在抵触情绪，觉得自己的工作受到限制。解决方案是通过充分的沟通，向团队成员解释新模式的重要性和带来的益处，同时给予团队成员足够的支持和培训，帮助他们适应新的工作方式。

## （二）对用户需求的准确理解

产品经理人需要准确理解用户需求，才能制定出符合市场需求的报道策略和计划。可以采用多种方式进行用户研究，如用户调研、数据分析、社交媒体监测等，以获取更全面和准确的用户反馈。

## （三）技术和资源限制

融合新闻报道需要借助新媒体技术和专业设备，但团队可能存在技术和资源限制。解决方案是与技术团队和管理层密切合作，争取更多的技术支持和资源投入，同时积极寻找并采用适合的解决方案，提升团队的技术能力和资源利用效率。

融合新闻报道团队产品经理人制主导模式可以提高团队的报道质量、加强团队协作并增强创新力。通过确定产品经理人角色、制定报道策略和计划、进行用户研究和需求分析，可以有效实施该模式。同时，面对团队接受新模式、准确理解用户需求以及技术和资源限制等挑战时，可以采取相应的解决方案来应对。融合新闻报道团队产品经理人制主导模式的实施有望推动融合新闻报道团队向更高水平发展，更好地满足观众的需求。

# 第三节  融合新闻报道团队发展的未来展望

## 一、融合新闻报道团队未来发展方向

新媒体技术的快速发展给新闻报道带来了全新的机遇和挑战。传统的新闻报道团队正面临着如何适应和整合新媒体的问题。本节将探讨融合新闻报道团队的未来发展，包括技术的应用、组织结构的调整和专业能力的提升。通过对新技术和趋势的理解，新闻报道团队可以更好地满足观众的需求，并实现可持续的发展。

## （一）技术的应用

融合新闻报道团队的发展必须以技术应用为基础。以下是几个技术将如何影响新闻报道的例子：

### 1.人工智能（AI）

AI技术将能够自动化新闻报道中的一些重复性工作，例如数据分析、事实核实和文章撰写。这将减轻记者和编辑的工作负担，并提高报道的准确性和效率。

### 2.虚拟现实（VR）和增强现实（AR）

VR和AR技术将为观众创造更加身临其境的新闻体验。通过使用VR头盔，观众可以亲身参与到报道的现场，感受事件的真实性，并与其他观众进行互动。这将为新闻报道带来更强的感染力和参与度。

### 3.数据可视化

使用数据可视化技术，新闻报道团队可以更好地呈现复杂的数据和统计信息。通过图表、图像和动画等形式，观众可以更直观地理解报道内容，并快速获取关键信息。

## （二）组织结构的调整

融合新闻报道团队的发展还需要对组织结构进行调整，以适应新的业务需求和工作流程。以下是几个关键的调整方向：

### 1.跨部门协作

新闻报道团队需要与技术团队、社交媒体团队和数据分析团队等其他部门进行紧密合作。这将有助于整合不同的专业知识和资源，提供全方位的报道服务。

### 2.反馈循环

新闻报道团队应建立一个有效的反馈循环，与观众保持密切沟通，并根据观众的反馈及时更新报道内容。通过与观众的互动和反馈，新闻报道团队可以了解观众的兴趣和需求，进而精确制定内容策略，提供更加吸引人的报道。

### 3.创新的工作流程

传统的新闻报道团队通常采用线性的工作流程，但融合新闻报道需要更加迅速和灵活的反应能力。新闻团队可以借鉴敏捷开发方法论，采用迭代式的工作方式，以更快的速度推出报道，并根据观众的反馈进行调整和改进。

### （三）专业能力的提升

融合新闻报道团队的发展还需要提升团队成员的专业能力，以适应新技术和趋势的变化。以下是几个关键的提升方向：

1.多媒体技能

新闻报道团队成员需要具备多媒体技能，包括摄影、摄像、视频编辑和图形设计等。这些技能将有助于创造多样化的报道内容，并提供更具吸引力的视觉效果。

2.数据分析能力

随着数据在新闻报道中的重要性越来越大，团队成员需要具备基本的数据分析能力，以理解和解读数据，并将其应用于报道中。这将帮助团队提供更有说服力的报道，并满足观众对深度分析和事实核实的需求。

3.社交媒体技巧

作为社交媒体经理，您将负责在各个平台上与观众进行互动。因此，团队成员需要具备良好的社交媒体技巧，包括舆情监测、危机管理和内容创作等。这将有助于增加观众参与度，提升品牌声誉，并推动报道的传播。

融合新闻报道团队的未来展望需要以技术的应用为基础，进行组织结构的调整，并提升团队成员的专业能力。通过灵活运用新技术、调整工作流程和提升专业能力，新闻报道团队可以更好地满足观众的需求，提供更具吸引力和参与度的报道。融合新闻报道团队的发展是不可避免的趋势，只有不断适应和创新，才能实现可持续的发展和成功。

## 二、影响融合新闻报道团队未来发展的因素

融合新闻报道团队的未来发展将受到以下几个因素的影响：

### （一）数字化转型

新闻报道团队将继续面临数字化转型的挑战和机遇。随着互联网和社交媒体的兴起，传统媒体面临着新的竞争和传播方式的变革。团队需要积极采用和应用新的技术工具和平台，掌握互联网时代的新闻报道方式，如数据新闻、多媒体报道和移动新闻应用等[①]。

### （二）数据驱动的新闻报道

数据分析和数据驱动的新闻报道将成为未来的趋势。团队需要培养数据分析能力，并利用大数据和人工智能等技术，从海量的数据中挖掘新闻价值，提供更精准、深入和全面的报道。

### （三）跨平台多媒体报道

未来的新闻报道将更加注重跨平台和多媒体的传播方式。团队需要具备跨媒体创作和编辑能力，能够将新闻内容以文字、图片、音频和视频等多种形式进行呈现，适应不同平台和受众的需求。

### （四）协同合作与新技术应用

新闻报道团队将更多地进行协同合作和新技术应用。团队成员需要具备良好的沟通和协作能力，能够灵活应对团队协同工作的变化和挑战。同时，团队需要积极追踪和应用新闻技术的发展，例如机器学习、自然语言处理和虚拟现实等技术，以提升报道的效率和质量。

### （五）真实性和可信度的挑战

信息的爆炸式增长给新闻报道团队带来了真实性和可信度的挑战。团队需要加强事实核查和真实性验证的能力，建立和维护良好的信誉，以应对假新闻和信息不准确的问题。

### （六）多元化和包容性

新闻报道团队需要更加关注多元化和包容性的价值观。团队成员应该具备开放的思维和广泛的视野，能够尊重不同的观点和文化，并致力于提供多样性的报道，反映各种声音和利益。

---

①方爱华，张解放. 数据可视化实践对数据新闻团队的启示[J]. 新闻世界，2014(6)：156-158.

综上所述，融合新闻报道团队的未来发展需要团队不断适应和应对新的挑战和机遇，采用新技术、培养新能力，并始终坚守新闻报道的核心价值和原则，为读者提供具有影响力和价值的报道。

### 三、融合新闻报道团队发展展望

全球各地都在经历着传媒行业的巨大变革。大量数字媒体的出现使得新闻报道的传播方式发生了根本性的转变。这种变革对传统新闻报道团队的运作方式和发展策略提出了更高的要求。团队需要积极适应这一变化趋势，灵活变通，才能在激烈的竞争环境中立于不败之地。

### （一）数字媒体时代的新机遇

数字媒体时代为新闻报道团队提供了前所未有的机遇，使其能够实现更广泛的报道和更快的传播速度。随着互联网的普及，新闻团队现在可以直接与全球各地的受众建立联系。这为他们提供了实时更新新闻、与用户进行互动和开展深度调查的机会。

此外，社交媒体平台的兴起也给新闻报道团队带来了机遇。通过利用Facebook、Twitter等社交媒体平台，新闻报道团队可以与读者建立更加密切的联系，并将新闻内容推送到更广泛的受众。这种互动性不仅可以提高读者的参与度，还可以为团队提供宝贵的反馈和意见。

### （二）多元化的报道方式

为了适应数字媒体时代的需求，新闻报道团队需要拥抱多元化的报道方式。传统的新闻报道通常以文字报道为主，但现在，团队需要更加注重多媒体报道的发展。多媒体报道可以通过图像、视频和音频来呈现新闻，使读者能够更全面地了解事件的发展过程。新闻报道团队应积极培养摄影师、视频编辑和声音设计师等专业人才，以提供更富有吸引力和信息丰富的新闻报道。

此外，数据新闻也成为新闻报道的新趋势。新闻报道团队可以通过有效地搜集和分析数据，为读者提供更有深度和洞察力的报道。数据可视化是数据新闻的一个重要方面，它可以帮助读者更好地理解复杂的数据信息。

### （三）新技术的应用

新闻报道团队还应积极探索和应用新技术，以提高报道质量和效率。人工智能、大数据分析、虚拟现实和增强现实等新技术正逐渐渗透到新闻报道领域。

人工智能可以应用到新闻报道团队自动化信息搜集和整理过程，以提高报道的时效性和正确性。大数据分析可以帮助团队发现新闻报道中的趋势和模式，从而为读者提供更有深度的报道。虚拟现实和增强现实技术可以为新闻报道团队带来更加沉浸式和互动的报道体验。通过虚拟现实技术，读者可以身临其境地体验新闻场景，获得更加真实和深入的了解。增强现实技术则可以将虚拟元素叠加到现实世界中，为读者提供更加丰富和生动的信息展示。

### （四）合作与创新

在新闻报道团队的发展中，合作与创新是至关重要的。团队成员需要紧密合作，协调配合，共同完成新闻报道的整个流程。另外，创新也是保持竞争力的关键。新闻报道团队需要不断寻求新的报道方式、新的故事角度和新的表达手法，以吸引读者的注意力和兴趣。

此外，与其他相关领域的合作也是新闻报道团队发展的重要方向。与技术公司、学术界、非营利组织等合作，可以拓展报道资源和获得新的报道视角。跨界合作有助于新闻报道团队提供更具深度和广度的报道内容。

### （五）道德与质量

随着新闻报道的数字化和快速传播，道德和质量问题日益凸显。新闻报道团队需要始终把道德和质量置于首位。他们应该坚持客观公正、事实核实和道德约束，确保所报道的新闻准确、公正、可信。同时，新闻报道团队应该建立自己的品牌形象，塑造一种可信赖的信誉。积极主动地与读者进行互动和反馈，及时纠正错误并道歉，从而提高报道的质量和可信度。

新闻报道团队在数字媒体时代面临着巨大的机遇和挑战。通过适应和采用多元化的报道方式，应用新技术，实现合作与创新，坚守道德与质量，新闻报道团队将有望在竞争激烈的传媒行业中脱颖而出。他们将能够以更快的速度、更广泛的影响力和更高的质量，为读者提供丰富多样、深入全面的新闻报道。

# 参考文献

[1]鲍海波，赵亚强.媒介文化研究应关注的若干问题[J].陕西师范大学学报（哲学社会科学版）2023，52（1）：166-176.

[2]方爱华，张解放.数据可视化实践对数据新闻团队的启示[J].新闻世界，2014（6）：156-158.

[3]冯华.网络传播对新闻传媒的重要影响及发展[J].卫星电视与宽带多媒体，2023（8）：103-105.

[4]付茜茜.技术文化视域：智能媒介文化生产、消费文化生成及辩证省思[J].理论月刊，2023（5）：105-115.

[5]傅芳芳.简述全媒体时代新旧媒体融合[J].中国报业，2023（4）：96-97.

[6]龚涵.西方传媒规制变迁与发展下的启示[J].大众标准化，2020（17）：57-58.

[7]韩明芳.真实性视域下数据新闻的困境研究[J].视听，2023（2）：147-150.

[8]胡瑾琼.全媒时代电视台记者的角色定位与采访策略研究[J].中文科技期刊数据库（全文版）社会科学，2022（10）：0107-0110.

[9]李修远，钱佳，郝金刚.现代新闻传媒与文化发展研究[M].吉林人民出版社，2021.

[10]刘凌.论对外英语新闻的分类[J].西部皮革，2016（2）：151-152.

[11]刘阳.数字化视角下数据新闻的传播策略[J].新闻文化建设，2023（5）：82-84.

[12]马银彬.全媒体时代记者多维传播能力的构建途径[J].科技传播，2020，12（1）：11-12.

[13]任珈琳.传统媒体与新媒体融合路径分析[J].中国报业，2023（1）：100-101.

[14]孙潇雨，蔺建旭.媒介文化视野下的新媒体与电影批评发展[J].传播力研究，2023，7（6）：22-24.

[15]王利平，张玲.数据新闻传播策略研究：以抗疫新闻为例[J].新闻世界，2023（2）：20-23.

[16]王钰燕.媒体融合发展路径探析[J].采写编，2023（6）：21-23.

[17]韦哲.刍议全媒时代基层记者职业素养的培养[J].传播力研究，2021，5（15）：78-79.

[18]肖灿.融媒时代的新闻传播途径研究[M].长春：吉林人民出版社，2019.

[19]许秋里.协同式内容生产：融合新闻报道需要团队一起玩[J].中国传媒科技，2017（1）：23-23.

[20]颜恋蕲.智媒时代下数据新闻伦理问题[J].新闻文化建设，2023（2）：42-44.

[21]叶铁桥，张星钰.传统媒体重构融合报道新格局[J].网络传播，2017（3）：40-41.

[22]叶薇.科技创新引领新闻传媒行业变革[J].上海信息化，2023（3）：19-22.

[23]张涛.融媒时代新闻传播及其变革探析[M].北京：中国商务出版社，2019.

[24]张哲.融媒时代背景下新闻传播的变革研究[M].长春：吉林出版集团股份有限公司，2021.

[25]章权.融媒体时代新闻报道策划实践探索[J].重庆三峡学院学报，2021，37（6）：36-45.

[26]郑晨.融媒时代新加坡传媒规制探微[J].传媒，2021（21）：64-66.